浙江省习近平新时代中国特色社会主义思想研究中心课题研究成果

浙江省社科规划“党的二十届三中全会和省委十五届五次全会精神研究阐释”专项课题“浙江共同富裕实践的话语体系建构与传播方式研究”成果

GONGTONG FUYU DE
ZHEJIANG SHIJIAN

共同富裕的浙江实践

王永昌 潘红霞 等 著

人民出版社

前　言

共同富裕是社会主义的本质要求，是中国式现代化的重要特征。进入新时代以来，以习近平同志为核心的党中央对推进共同富裕进行了宏阔深刻的理论思考和实践探索，科学回答了“什么是共同富裕”“为什么要推进共同富裕”“怎样推进共同富裕”等一系列重大理论和实践问题，提出了一系列具有原创性的新理念新思想新战略，形成了一系列方针政策、目标任务、工作部署，在理论创新、制度创新和实践创新上都取得了重大成果，初步构建起共同富裕的中国逻辑和中国话语体系。

本书对中国式现代化视野下共同富裕的若干重大理论和实践问题，特别是对浙江推进高质量发展建设共同富裕示范区的实践作了初步探讨，介绍了浙江近年来推进高质量发展建设共同富裕示范区的一些做法。

目　录

第一章
在中国式现代化进程中扎实推动共同富裕

党的二十大报告指出，中国式现代化是中国共产党领导的社会主义现代化，既有各国现代化的共同特征，更有基于自己国情的中国特色。共同富裕是中国式现代化的一个重要目标和特征，中国式现代化是共同富裕的现代化。进入新时代以来，随着我国脱贫攻坚战取得全面胜利、全面建成小康社会、开启全面建设社会主义现代化国家新征程，习近平总书记对推进共同富裕作了宏阔深刻的理论思考，提出了许多新的思想、新的观点和新的要求。特别是习近平总书记2021年8月在中央财经委员会第十次会议上的讲话，2022年10月在党的二十届一中全会上的讲话，以及2023年2月在新进中央委员会的委员、候补委员和省部级主要领导干部学习贯彻习近平新时代中国特色社会主义思想和党的二十大精神研讨班上的讲话中，集中系统地阐述了新时代共同富裕的一系列理论和实践问题，科学回答了“什么是共同富裕”“为什么要推进共同富裕”“怎样推进共同富裕”的时代之问、人民之问和世界之问，形成了较为系统的思想理论成果，成为习近平新时代中国特色社会主义思想的重要组成内容和我国扎实推进共同富裕实践的科学行动指南。

第一节　扎实推进全体人民共同富裕的重大意义

党的十八大以来，习近平总书记以马克思主义基本原理、社会主义本质要求、党的初心使命、中国式现代化重要内容和人类文明新形态的宏阔视野，深刻论述了推进全体人民共同富裕的重大理论和现实意义。

一、推进共同富裕体现了马克思主义的基本原则

思想理论是实践行动的先导。马克思主义批判借鉴人类历史上的文明成果，创立了唯物史观和科学社会主义理论，深刻揭示了人类社会结构和发展运动的客观规律，系统分析了资本主义运行“奥秘”以及必然要退出历史舞台的发展规律，科学阐明了社会主义—共产主义代替资本主义旧世界的历史必然性。

马克思主义公开申明自己是为劳动人民谋根本利益的学说，人民是社会发展的主人，是推动历史进步的根本动力。马克思主义坚持实事求是的世界观和唯物主义辩证法，强调一切事物发展都具有客观性、过程性、变革性和开放性，人们的实践活动必须遵循事物发展的客观规律，不断变革创新，与时俱进。在创立辩证唯物主义世界观和唯物史观的同时，马克思主义还形成了组织和建设无产阶级政党、无产阶级革命队伍的理论学说。从本质上说，马克思主义是科学的理论、人民的理论、实践的理论和不断发展的开放的理论。我们坚持马克思主义的基本世界观和方法论，就要始终不渝地为人民群众过上更加幸福美好的生活而奋

斗。我们党始终不渝地为人民群众的共同富裕而奋斗，这是由马克思主义理论的先进本质决定的。习近平总书记指出："共同富裕，是马克思主义的一个基本目标，也是自古以来我国人民的一个基本理想。孔子说：'不患寡而患不均，不患贫而患不安。'孟子说：'老吾老以及人之老，幼吾幼以及人之幼。'《礼记·礼运》具体而生动地描绘了'小康'社会和'大同'社会的状态。按照马克思、恩格斯的构想，共产主义社会将彻底消除阶级之间、城乡之间、脑力劳动和体力劳动之间的对立和差别，实行各尽所能、按需分配，真正实现社会共享、实现每个人自由而全面的发展。"①从马克思主义基本立场和基本方法必然要得出的逻辑是，马克思主义政党在执政以后，就要坚持以人民为中心，创造条件逐步为人民过上富裕幸福生活而奋斗。从马克思主义唯物史观和马克思主义社会建设思想视角讲，推动全体人民共同富裕更是社会主义社会发展的重要目标。习近平总书记指出，学习马克思，就要学习和实践马克思主义关于社会建设的思想。我们要坚持以人民为中心的发展思想，不断保障和改善民生，促进社会公平正义，让发展成果更多更公平惠及全体人民，朝着实现全体人民共同富裕不断迈进。②

马克思主义是我们立党立国、兴党兴国的根本指导思想，是我们党的灵魂和旗帜。"实践告诉我们，中国共产党为什么能，中国特色社会主义为什么好，归根到底是马克思主义行，是中国化时代

---

① 《习近平著作选读》第一卷，人民出版社2023年版，第439页。

② 习近平：《在纪念马克思诞辰200周年大会上的讲话》，人民出版社2018年版，第20—21页。

化的马克思主义行。”[①]我们党是在马克思主义指引下诞生并不断发展壮大的。“中国共产党之所以能够完成近代以来各种政治力量不可能完成的艰巨任务，就在于始终把马克思主义这一科学理论作为自己的行动指南，并坚持在实践中不断丰富和发展马克思主义。”[②]中国共产党和马克思主义的一个先进性本质，就在于随着时代实践发展而不断加强党的理论创新，不断实现马克思主义新飞跃。比如说，马克思主义经典作家有关社会主义全体人民共同富裕的直接论述不多，但马克思主义基本原理中内在地包含着这些基本理念，而且本身也是随着时代实践不断发展的。正如习近平总书记所指出的，“党的十一届三中全会以来，我们党把马克思主义政治经济学基本原理同改革开放新的实践结合起来，不断丰富和发展马克思主义政治经济学。……形成了当代中国马克思主义政治经济学的许多重要理论成果，比如，关于社会主义本质的理论，关于社会主义初级阶段基本经济制度的理论……逐步实现全体人民共同富裕的理论，等等。这些理论成果，马克思主义经典作家没有讲过，改革开放前我们也没有这方面的实践和认识，是适应当代中国国情和时代特点的政治经济学，不仅有力指导了我国经济发展实践，而且开拓了马克思主义政治经济学新境界”[③]。

在马克思主义发展史上，我们党关于中国特色社会主义共同富

① 习近平：《高举中国特色社会主义伟大旗帜　为全面建设社会主义现代化国家而团结奋斗——在中国共产党第二十次全国代表大会上的报告》，人民出版社 2022 年版，第 16 页。

② 《习近平谈治国理政》第二卷，外文出版社 2017 年版，第 33 页。

③ 习近平：《论把握新发展阶段、贯彻新发展理念、构建新发展格局》，中央文献出版社 2021 年版，第 60—61 页。

裕的思想理论，既体现了马克思主义的基本立场、观点和方法，又丰富和发展了马克思主义，是马克思主义中国化、时代化的重要新成果。

二、推进共同富裕体现了中国共产党的初心使命

我们推进共同富裕的实质，就是全国人民都能逐步过上更加富裕更加美好的幸福生活，而这正是中国共产党的性质宗旨、初心使命和中国特色社会主义的本质要求。习近平总书记指出："让人民群众过上更加幸福的好日子是我们党始终不渝的奋斗目标，实现共同富裕是中国共产党领导和我国社会主义制度的本质要求。"①

政党的政治性质和社会价值取向是一个无法避免的根本问题。正如习近平总书记指出的，为什么人的问题，是检验一个政党、一个政权性质的试金石。必须始终把人民利益摆在至高无上的地位，让改革发展成果更多更公平惠及全体人民，朝着实现全体人民共同富裕不断迈进。②坚持人民至上，全心全意为人民服务是中国共产党性质宗旨的集中体现，中国人民谋幸福、为中华民族谋复兴是中国共产党初心使命之所在。

中华民族是世界上伟大的民族，有着五千多年源远流长的文明

---

① 习近平：《在全国劳动模范和先进工作者表彰大会上的讲话》，人民出版社2020年版，第8页。

② 习近平：《决胜全面建成小康社会　夺取新时代中国特色社会主义伟大胜利——在中国共产党第十九次全国代表大会上的报告》，人民出版社2017年版，第44—45页。

历史，为人类文明进步作出了不可磨灭的贡献。但在1840年鸦片战争以后，中国逐步成为半殖民地半封建社会，国家蒙辱、人民蒙难、文明蒙尘，中华民族遭受了前所未有的劫难。从那时起，实现中华民族伟大复兴，就成为中国人民和中华民族最伟大的梦想。在这个历史大潮中应运而生的中国共产党，是一个用马克思主义理论武装起来的中国工人阶级、中国人民和中华民族的先锋队，全心全意为人民服务是我们党的根本宗旨。实现共同富裕是中国共产党初心使命的应有之义。我们党所做的一切、所付出的一切牺牲，都是为了人民过上更幸福的生活。

坚持为人民谋利益，不断增进民生福祉，是立党为公、执政为民的本质要求。党的初心使命就是为中国人民谋幸福、为中华民族谋复兴；党为人民打江山、守江山；党的生命和力量来自人民；党的一切工作的出发点和落脚点，就是为了让老百姓过上好日子。习近平总书记指出："我们追求的发展是造福人民的发展，我们追求的富裕是全体人民共同富裕。改革发展搞得成功不成功，最终的判断标准是人民是不是共同享受到了改革发展成果。"①一百多年来，中国共产党牢记初心使命，践行全心全意为人民服务的根本宗旨，根据不同历史阶段的社会主要矛盾和根本任务，不断推进社会进步和民族复兴事业，从而一步步实现让人民过上更均衡更富足更美好的生活的目标。中国共产党的诞生、成长和奋斗历程，就是为中国人民谋幸福、为中华民族谋复兴的历史。坚持把"人民对美好生活的向往"作为奋斗目标，是中国共产党性质宗旨、初心使命的

---

① 中共中央文献研究室编：《习近平关于社会主义社会建设论述摘编》，中央文献出版社2017年版，第35页。

集中体现。因此，我们党“要随时随刻倾听人民呼声、回应人民期待，保证人民平等参与、平等发展权利，维护社会公平正义，在学有所教、劳有所得、病有所医、老有所养、住有所居上持续取得新进展，不断实现好、维护好、发展好最广大人民根本利益，使发展成果更多更公平惠及全体人民，在经济社会不断发展的基础上，朝着共同富裕方向稳步前进”①。

在新时代新征程上，我们要清醒认识到，我国仍然是世界上最大的发展中国家，中国人民要过上美好生活，还要继续付出艰苦努力。发展依然是当代中国的第一要务。要集中力量发展经济，不断提高人民生活水平，逐步实现全体人民的共同富裕。我们党和政府的根本责任，就是要团结带领全党全国各族人民，继续解放思想，坚持改革开放，不断解放和发展社会生产力，以自己的辛勤劳动和不懈努力，不断保障和改善民生，努力解决群众的生产生活问题，让改革发展成果更多更公平地惠及全体人民，坚定不移地走共同富裕道路，朝着实现全体人民共同富裕的目标扎扎实实地稳步推进。

三、推进共同富裕体现了中国特色社会主义的本质要求

我们党始终不渝为人民群众的共同富裕而奋斗，也是由中国特色社会主义的本质要求决定的。习近平总书记指出：“中国特色社会主义就是要建设社会主义市场经济、民主政治、先进文化、和谐

---

① 《习近平著作选读》第一卷，人民出版社 2023 年版，第 99 页。

社会、生态文明，促进人的全面发展，促进社会公平正义，逐步实现全体人民共同富裕。”①

中国共产党从诞生起，就在马克思主义指引下为实现自己的初心使命而寻找正确的道路。在新民主主义革命时期，我们党团结带领人民，经过艰苦卓绝的奋斗，终于建立了人民当家作主的中华人民共和国，实现了民族独立、人民解放，为实现中华民族伟大复兴和人民过上富裕幸福生活创造了根本社会条件。新中国成立后，我们党团结带领人民进行社会主义革命和建设并取得了巨大成就。改革开放和社会主义建设新时期，我们党实行改革开放的历史性决策，探索并建立社会主义市场经济体制，实现了从生产力相对落后的状况到经济总量跃居世界第二的历史性突破，实现了人民生活从温饱不足到总体小康、全面建成小康社会的历史性跨越，为推进共同富裕和中国式现代化建设提供了充满新的活力的体制保证和快速发展的物质条件。正如习近平总书记指出：“走自己的路，是党的全部理论和实践立足点，更是党百年奋斗得出的历史结论。中国特色社会主义是党和人民历经千辛万苦、付出巨大代价取得的根本成就，是实现中华民族伟大复兴的正确道路。”②

共同富裕是社会主义的本质要求。社会主义制度与共同富裕是内在统一的。社会主义社会之所以必然会产生、之所以有其根本的合理性和优越性，就是因为它代表着广大人民群众的根本利益，比其他社会制度更能促进社会生产力发展，更能解决

---

① 习近平：《论坚持推动构建人类命运共同体》，中央文献出版社 2018 年版，第 273 页。

② 《习近平谈治国理政》第四卷，外文出版社 2022 年版，第 10 页。

经济社会两极分化现象，更能维护和保障社会公平正义，也更能统筹协调推进社会全面进步和人的全面发展。事实上，离开了社会主义制度这个前提，就根本谈不上有共同富裕。我们坚持和发展社会主义制度，就必然要推进代表人民根本利益的共同富裕实践。早在新中国成立后不久，毛泽东同志就指出，“现在我们实行这么一种制度，这么一种计划，是可以一年一年走向更富更强的，一年一年可以看到更富更强些。而这个富，是共同的富，这个强，是共同的强，大家都有份”①。习近平总书记强调：“中国特色社会主义制度是当代中国发展进步的根本制度保障，是具有鲜明中国特色、明显制度优势、强大自我完善能力的先进制度。”②中国特色社会主义制度是以马克思主义为指导、植根中国大地、具有深厚中华文化根基、深得人民拥护的制度，是具有强大生命力和巨大优越性的制度。党的十九届四中全会决议中，对我国国家制度和国家治理体系的显著优势，从十三个方面进行了系统分析和概括，并明确指出：中国特色社会主义制度和治理体系，具有“坚持以人民为中心的发展思想，不断保障和改善民生、增进人民福祉，走共同富裕道路的显著优势”③。

推进共同富裕是符合历史发展规律和人民群众根本利益的必然选择。习近平总书记指出：“让广大人民群众共享改革发展成果，是社会主义的本质要求，是社会主义制度优越性的集中体现，是我

---

① 《毛泽东文集》第六卷，人民出版社1999年版，第495页。

② 《习近平谈治国理政》第二卷，外文出版社2017年版，第36页。

③ 《中国共产党第十九届中央委员会第四次全体会议公报》，人民出版社2019年版，第6页。

们党坚持全心全意为人民服务根本宗旨的重要体现。”①坚持和发展中国特色社会主义，为推动和实现共同富裕提供了强大的社会制度基础。“为人民而生，因人民而兴，始终同人民在一起，为人民利益而奋斗，是我们党立党兴党强党的根本出发点和落脚点。”②“全面建成小康社会，一个也不能少；共同富裕路上，一个也不能掉队。”③“我们要牢记人民对美好生活的向往就是我们的奋斗目标，坚持以人民为中心的发展思想，努力抓好保障和改善民生各项工作，不断增强人民的获得感、幸福感、安全感，不断推进全体人民共同富裕。”④

因此，在中国特色社会主义事业不断发展的进程中，必须积极稳妥地推进共同富裕，使社会主义的本质属性和造福全体人民的优越性不断得到展现。

四、推进共同富裕体现了中国式现代化的本质要求

中国式现代化是全体人民共同富裕的现代化。实现共同富裕和中华民族伟大复兴，必须走中国特色社会主义现代化道路。

中国式现代化是实现人民幸福、民族复兴的康庄大道。实现中华民族伟大复兴和人民过上富裕幸福生活，是近代以来中华儿女的共同梦想。中国共产党带领人民经过长期艰苦探索和不屈不挠的奋斗，在新中国成立特别是改革开放以来长期探索和实践基

---

① 《习近平谈治国理政》第二卷，外文出版社 2017 年版，第 200 页。

② 《习近平谈治国理政》第四卷，外文出版社 2022 年版，第 511 页。

③ 《习近平谈治国理政》第三卷，外文出版社 2020 年版，第 66 页。

④ 《习近平谈治国理政》第三卷，外文出版社 2020 年版，第 66 页。

础上，经过党的十八大以来在理论和实践上的创新突破，我们党成功推进和拓展了中国式现代化，实现了马克思主义中国化时代化新的飞跃，创立了习近平新时代中国特色社会主义思想，为中国式现代化提供了根本遵循，在实践上不断推进一系列变革性实践、实现一系列突破性进展、取得一系列标志性成果，推动党和国家事业取得历史性成就、发生历史性变革，特别是消除了绝对贫困问题，全面建成小康社会，为中国式现代化提供了更为完善的制度保证、更为坚实的物质基础、更为主动的精神力量。

实践证明，我们党带领各族人民用几十年时间就走完了西方发达国家用几百年时间走过的工业化历程，创造了世所罕见的经济快速发展奇迹和社会长期稳定奇迹，实现了第一个百年奋斗目标，在中华大地上全面建成了小康社会，历史性地解决了绝对贫困问题，正在意气风发向着全面建成社会主义现代化强国的第二个百年奋斗目标迈进，为中华民族伟大复兴开辟了广阔前景。中华民族迎来了从站起来、富起来到强起来的伟大飞跃，实现中华民族伟大复兴进入了不可逆转的历史进程。

中国式现代化是中国近代以来历史发展的必然规律，是我们党和人民的历史性选择。实现共同富裕和推进中国式现代化建设过程是内在统一的。实践证明，中国式现代化是一条走得通、行得稳的唯一正确的康庄大道。

共同富裕是中国式现代化的本质特征。现代化是人类社会发展的总趋势，但各国的现代化道路和特点是各不相同的。中国的现代化只能走符合自己国情的现代化道路。习近平总书记强调指出："一个国家走向现代化，既要遵循现代化一般规律，更要立足本国国情，具有本国特色。”① 党的二十大报告对中国式现代化的基本特色作了精辟概括和阐述：中国式现代化是人口规模巨大的现代化、是全体人民共同富裕的现代化、是物质文明和精神文明相协调的现代化、是人与自然和谐共生的现代化、是走和平发展道路的现代化。这五大方面的中国特色，深刻揭示了中国式现代化的科学内涵。党的二十大报告从九个方面进一步明确了中国式现代化的本质要求：坚持中国共产党领导，坚持中国特色社会主义，实现高质量发展，发展全过程人民民主，丰富人民精神世界，实现全体人民共同富裕，促进人与自然和谐共生，推动构建人类命运共同体，创造人类文明新形态。在此基础上，党的二十大报告还从五个方面强调了建设中国式现代化前进道路上要牢牢把握的重大原则：坚持和加强党的全面领导，坚持中国特色社会主义道路，坚持以人民为中心的发展思想，坚持深化改革开放，坚持发扬斗争精神。② 党的二十大报告对中国式现代化的中国特色、本质要求和重大原则的阐述，进一步深化了我们党对中国式现代化的内涵和本质的认识，初步构建起中国式现代化的理论体系，使中国式现代化从理论到实践都更加清晰、更加科学、更加可感可行。

中国式现代化是全体人民共同富裕的现代化。共同富裕既是中国式现代化的一个本质内容和根本特征，又直接涉及中国式现代化

---

① 习近平：《携手同行现代化之路——在中国共产党与世界政党高层对话会上的主旨讲话》，人民出版社 2023 年版，第 3 页。

② 习近平：《高举中国特色社会主义伟大旗帜　为全面建设社会主义现代化国家而团结奋斗——在中国共产党第二十次全国代表大会上的报告》，人民出版社 2022 年版，第 26—27 页。

的整体内容和各个方面本质特征。比如说，中国式现代化是人口规模巨大的现代化、是物质文明和精神文明相协调的现代化、是人与自然和谐共生的现代化、是走和平发展道路的现代化，以及中国式现代化的本质要求，都是推进共同富裕所要遵循的基本原则。推进共同富裕的过程，就是人民实现美好生活的过程。从“美好生活”的丰富内容来讲，涉及物质文明、政治文明、精神文明、社会文明和生态文明等各个方面，这也就是说，我们要全面推进中国式现代化建设实践。因此，从整体上讲，全体人民对美好生活的向往、对共同富裕的期盼与建设社会主义现代化国家是有机统一的。

中国式现代化的共同富裕和系统整体性特征，鲜明体现了中国式现代化的本质要求和独特优势。习近平总书记指出：“我们坚持把实现人民对美好生活的向往作为现代化建设的出发点和落脚点，着力维护和促进社会公平正义，着力促进全体人民共同富裕，坚决防止两极分化。”[①]满足人民对美好生活的追求，推进共同富裕，贯穿在中国式现代化建设整个过程中，体现了中国式现代化的最本质特征。中国式现代化实践，既充分体现了科学社会主义的先进本质，又揭示了深深植根于中华优秀传统文化的历史逻辑，同时，还意味着积极借鉴和吸收一切人类优秀文明成果，代表着人类文明进步的发展方向。中国式现代化展现出独创性和优越性，正如习近平总书记所指出的，中国式现代化展现了不同于西方现代化模式的新图景，是一种全新的人类文明形态。中国式现代化，打破了“现代

① 习近平：《高举中国特色社会主义伟大旗帜　为全面建设社会主义现代化国家而团结奋斗——在中国共产党第二十次全国代表大会上的报告》，人民出版社2022年版，第22页。

化＝西方化”的迷思，展现了现代化的另一幅图景，拓展了发展中国家走向现代化的路径选择，为人类对更好社会制度的探索提供了中国方案。中国式现代化蕴含的独特世界观、价值观、历史观、文明观、民主观、生态观等及其伟大实践，是对世界现代化理论和实践的重大创新。中国式现代化为广大发展中国家独立自主迈向现代化树立了典范，为其提供了全新选择。①

就其实质来说，共同富裕的本质要求更是集中反映了中国式现代化所蕴含的以人民为中心的价值观和文明观的本质属性。全体人民共同富裕体现了中国式现代化的根本立场和原则。全体人民的共同富裕是中国式现代化不同于西方国家现代化的根本标志。共同富裕的特性和其他本质特征一起，共同彰显中国式现代化超越西方现代化模式的人类文明价值，将为人类文明进步作出历史性贡献。

中国式现代化是党领导的社会主义现代化。中国式现代化既符合人类社会发展规律，又是一场在党的领导下开创历史先河的自觉的创造活动，是在人口规模超过现有发达国家人口总和的社会主义大国进行的空前壮举，只有在中国共产党坚强领导下才能取得成功。没有共产党就没有新中国和中国社会主义事业，同样，没有共产党领导就没有中国式现代化。习近平总书记指出：“党的领导直接关系中国式现代化的根本方向、前途命运、最终成败。党的领导决定中国式现代化的根本性质，只有毫不动摇坚持党的领导，中国式现代化才能前景光明、繁荣兴盛；否则就会偏离航向、丧失灵魂，甚至犯颠覆性错误。党的领导确保中国式现代化锚定奋斗目标

① 《正确理解和大力推进中国式现代化》，《人民日报》2023年2月8日。

行稳致远，我们党的奋斗目标一以贯之，一代一代地接力推进，取得了举世瞩目、彪炳史册的辉煌业绩。党的领导激发建设中国式现代化的强劲动力，我们党勇于改革创新，不断破除各方面体制机制弊端，为中国式现代化注入不竭动力。党的领导凝聚建设中国式现代化的磅礴力量，我们党坚持党的群众路线，坚持以人民为中心的发展思想，发展全过程人民民主，充分激发全体人民的主人翁精神。”①

我们必须毫不动摇地坚持和加强党的全面领导，坚决维护党中央权威和集中统一领导，把党的领导落实到党和国家事业各领域各方面各环节，使党始终成为风雨来袭时全体人民最可靠的主心骨，确保我国社会主义现代化建设正确方向，坚持走中国特色社会主义道路，坚持以人民为中心的发展思想，把实现人民对美好生活的向往作为一切工作的出发点和落脚点，切实实现好、维护好、发展好最广大人民根本利益，积极主动、扎实稳妥地推进共同富裕的伟大实践。

第二节　推进共同富裕的实践基础

实现全体人民共同富裕是长期的理想和目标，也是重大的现实任务。随着全面建成小康社会、实现第一个百年奋斗目标，我国开启了全面建设社会主义现代化国家新征程，既为推进共同富裕打下了良好基础，也提出了新的要求。

---

① 《正确理解和大力推进中国式现代化》，《人民日报》2023 年 2 月 8 日。

一、贫穷不是社会主义

习近平总书记在分析我国社会主义建设特别是改革开放历史进程的基础上，深刻阐明了我国新时代更扎实推进共同富裕的实践基础："改革开放后，我们党深刻总结正反两方面历史经验，认识到贫穷不是社会主义，打破传统体制束缚，允许一部分人、一部分地区先富起来，推动解放和发展社会生产力。"①

中国共产党诞生以来的百年奋斗史，在不同的历史发展阶段，我们党实现人民幸福、民族复兴初心使命的奋斗内容、目标和方式是不完全相同的。早在新民主主义革命时期，我们党就团结带领人民进行土地革命等一系列政策措施，通过开展武装斗争推翻"三座大山"和建立中华人民共和国，为穷苦百姓翻身得解放和实现民族复兴创造于根本社会条件。新中国成立后，党团结带领人民，自力更生、发愤图强，建立了社会主义制度和比较独立完整的国民经济体系，初步解决了几亿人的生活温饱问题，为实现中华民族伟大复兴奠定了根本政治前提和制度基础。这期间，我们党深刻总结正反两方面历史经验，认识到贫穷不是社会主义，社会主义要消灭贫穷。

党的十一届三中全会后，以邓小平同志为主要代表的中国共产党人，团结带领全党全国各族人民，深刻总结新中国成立以来正反两方面经验，解放思想、实事求是，作出把党和国家工作重心转移到经济建设上来、实行改革开放的历史性决策。在理论和实践上，围绕什么是社会主义、怎样建设社会主义这一根本问题，借鉴世界

---

① 习近平：《扎实推动共同富裕》，《求是》2021 年第 20 期。

社会主义历史经验，深刻揭示社会主义本质，确立社会主义初级阶段基本路线，明确提出走自己的路、建设中国特色社会主义，科学回答了建设中国特色社会主义的一系列基本问题，创立了邓小平理论，并制定了到21世纪中叶分三步走、基本实现社会主义现代化的发展战略，成功开创了中国特色社会主义道路。

邓小平同志以无产阶级革命家的无畏勇气和气魄，高瞻远瞩，鲜明地指出："社会主义的特点不是穷，而是富，但这种富是人民共同富裕"①，"社会主义最大的优越性就是共同富裕"②，"社会主义的首要任务是发展生产力，逐步提高人民的物质和文化生活水平"③，要"让一部分人、一部分地区先富起来"④，逐步达到共同富裕。

邓小平同志从理论和实践的结合上，得出了一个著名的经典性论断："社会主义的本质，是解放生产力，发展生产力，消灭剥削，消除两极分化，最终达到共同富裕。"⑤"走社会主义道路，就是要逐步实现共同富裕。共同富裕的构想是这样提出的：一部分地区有条件先发展起来，一部分地区发展慢点，先发展起来的地区带动后发展的地区，最终达到共同富裕。如果富的愈来愈富，穷的愈来愈穷，两极分化就会产生，而社会主义制度就应该而且能够避免两极分化。解决的办法之一，就是先富起来的地区多交点利税，支持贫困地区的发展。当然，太早这样办也不行，现在不能削弱发达地区

---

① 《邓小平文选》第三卷，人民出版社1993年版，第265页。
② 《邓小平文选》第三卷，人民出版社1993年版，第364页。
③ 《邓小平文选》第三卷，人民出版社1993年版，第116页。
④ 《邓小平文选》第三卷，人民出版社1993年版，第166页。
⑤ 《邓小平文选》第三卷，人民出版社1993年版，第373页。

的活力，也不能鼓励吃‘大锅饭’。什么时候突出地提出和解决这个问题，在什么基础上提出和解决这个问题，要研究。可以设想，在本世纪末达到小康水平的时候，就要突出地提出和解决这个问题。到那个时候，发达地区要继续发展，并通过多交利税和技术转让等方式大力支持不发达地区。不发达地区又大都是拥有丰富资源的地区，发展潜力是很大的。”① 在实现共同富裕的过程中，根据社会生产力和社会进步的不同发展水平，推进共同富裕的内容和方式都会有所不同，其中很重要的一条，就是要让有条件的一部分地区和一部分人先发展起来、先富起来，然后鼓励先富带后富，逐步提高统筹发展和共同富裕的水平。

二、改革开放历史性成就为推进共同富裕打下了坚实基础

改革开放是决定当代中国前途命运的关键一招。四十多年来的改革开放和社会主义现代化建设实践取得了举世瞩目的伟大成就，我国实现了从生产力相对落后的状况到经济总量跃居世界第二的历史性突破，实现了人民生活从温饱不足到总体小康、再到全面小康的历史性跨越，推进中华民族从站起来到富起来的伟大飞跃，使中国大踏步地赶上了时代。改革开放的历史性成就和 14 亿多人口实现全面小康，为推进新时代新征程和人民群众更加富裕幸福生活打下了坚实基础。

改革开放以来，中国创造了世所罕见的经济快速发展和社会长

---

① 《邓小平文选》第三卷，人民出版社 1993 年版，第 373—374 页。

期稳定两大奇迹。2012—2023 年，中国国内生产总值从 51.9 万亿元增长到 126 万亿元，稳居全球第二大经济体。物质文明的飞速发展，推动人民生活明显改善，人民群众得到的实惠越来越多。中国建成了世界上规模最大的教育体系、社会保障体系、医疗卫生体系，人民获得感、幸福感、安全感更加充实、更有保障、更可持续。党的十八大以来，我们党带领人民不断推进理论创新、实践创新、制度创新和文化创新，推进一系列变革性实践、实现一系列突破性进展、取得一系列标志性成果，推动党和国家事业取得历史性成就、发生历史性变革。党的二十大报告擘画了中国式现代化建设和推进共同富裕的宏伟蓝图，确定了新的发展战略和目标，开启了实现第二个百年奋斗目标新征程。

第三节　扎实推进共同富裕的时代背景

2021 年 8 月，习近平总书记在中央财经委员会第十次会议上的讲话中，深刻分析了我国推进共同富裕的历史进程特别是改革开放以来取得的举世瞩目成就，简明系统地阐述了新的历史阶段扎实推进共同富裕的时代背景。

习近平总书记指出："现在，我们正在向第二个百年奋斗目标迈进。适应我国社会主要矛盾的变化，更好满足人民日益增长的美好生活需要，必须把促进全体人民共同富裕作为为人民谋幸福的着力点，不断夯实党长期执政基础。高质量发展需要高素质劳动者，只有促进共同富裕，提高城乡居民收入，提升人力资本，才能提高全要素生产率，夯实高质量发展的动力基础。当前，全球收入不平等问题突出，一些国家贫富分化，中产阶层塌陷，导致社会撕裂、政治极化、民粹主义泛滥，教训十分深刻！我国必须坚决防止两极分化，促进共同富裕，实现社会和谐安定。”①“同时，必须清醒认识到，我国发展不平衡不充分问题仍然突出，城乡区域发展和收入分配差距较大。新一轮科技革命和产业变革有力推动了经济发展，也对就业和收入分配带来深刻影响，包括一些负面影响，需要有效应对和解决。”②习近平总书记从国际国内两大视角深刻阐述了新时代扎实推进共同富裕的重要性和必要性。

一、更好满足人民美好生活需要必须扎实推进共同富裕

人是一种不断追求和创造理想世界的高等动物。就其整体来说，人类总是这样那样地期望社会更加繁荣富裕，生活更加殷实美好。尽管在不同历史发展阶段和不同社会制度条件下，人们只能创造与那个时代相应的生活水平，而且由于生产力和社会制度所限，更不可能实现全体人民的共同富裕，但随着社会生产力的不断提高，人们的生活状况总是不断改善的，社会文明也总是不断提升的，而且人类总是不断地向往和追求更加富裕、更加美好生活的。美好生活的理想和追求是引领现实发展的强大动力。从古至今，人类始终对未来充满着美好的期待，并坚持不懈地为包括共同富裕在内的理想社会而奋斗。这是人类生生不息、绵绵不绝的内生力量。

① 习近平：《扎实推动共同富裕》，《求是》2021年第20期。

② 习近平：《扎实推动共同富裕》，《求是》2021年第20期。

正是这种追求和创造美好世界的力量，推动人类社会不断发展进步。因此，根据历史发展客观进程和现实条件，逐步推进共同富裕是符合人类社会发展规律的“人间正道”。

消除贫困和实现富裕是古今中外治国安邦的大事。自古以来，中国人民就热爱劳动、热爱和平，追求国泰民安，向往富裕幸福。正如习近平总书记所指出的：“一部中国史，就是一部中华民族同贫困作斗争的历史。”①从历史和时代价值契合角度讲，讲仁爱、重民本、守诚信、崇正义、尚和合、求大同是中华优秀传统文化的精华。“大道之行也，天下为公”的大同社会思想，一直激励中华儿女为创造更美好的社会而奋斗。“民亦劳止，汔可小康；惠此中国，以绥四方”的小康社会理念、安宁乐和的世外桃源生活理想、“以天下之财利天下之人”“不患寡而患不均”“老有所终，壮有所用，幼有所长，矜寡孤独废疾者皆有所养”“老吾老以及人之老，幼吾幼以及人之幼”“等贵贱，均贫富”“治国之道，富民为始”“国以民为本，社稷亦为民而立”等传统思想文化，虽掺杂空想或有偏颇之处，但都包含着中华民族自古追求国强民富、社会和谐安乐的美好理想。这说明实现共同富裕与中华优秀传统文化之间有着天然的联系。历史上，中国人民反抗苛政的斗争，也往往以“均贫富”“致太平”“均田免粮”“无处不均匀，无人不饱暖”等作为反映劳动人民根本诉求的理想目标。因此，我们推进共同富裕也是有深厚民族文化基因和历史基础的。共同富裕既是马克思主义的一个基本目标，“也是自古以来我国人民的一个基本理想”②。

---

① 习近平：《论把握新发展阶段、贯彻新发展理念、构建新发展格局》，中央文献出版社 2021 年版，第 508 页。

② 《习近平谈治国理政》第二卷，外文出版社 2017 年版，第 214 页。

中国式现代化进程中的共同富裕，就是在社会生产力充分发展的基础上全体人民过上富足美好生活的发展过程。人民立场是中国共产党的根本政治立场，也是马克思主义政党区别于其他政党的显著标志。人民是中国共产党的根基、血脉、力量所在，也是执政兴国的最大底气。习近平总书记指出："江山就是人民、人民就是江山，打江山、守江山，守的是人民的心。"[①]坚持人民至上，是中国共产党性质宗旨的集中体现，是唯物史观和共产党人价值观的集中体现，也是习近平新时代中国特色社会主义思想的鲜明品格。党在取得政权执政后，坚持人民立场、人民至上，实现人民利益，最关键是要为人民执好政。习近平总书记指出："时代是出卷人，我们是答卷人，人民是阅卷人。"[②]是否执政为民，执政的成效怎样，最终要由"阅卷人"来评判。得民心者得天下，失民心者失天下。是否为人民执好政、带领人民创造了美好生活，要用人民群众满意不满意、高兴不高兴作为根本标准，由人民来打分评判。"我们要坚持人民至上，只要是人民群众欢迎、咧嘴笑的事，再难也要干到底；只要是人民群众不高兴、撇嘴的事，就坚决不要干！"[③]我们党是代表最广大人民根本利益的政党，党的执政水平和执政成效不是由自己说了算，人民群众才是我们党和政府一切工作的最高裁决者和最终评判者。评判的基本标准就是人民的满意度，评判的具体内容就是人民的获得感，评判的结果就是民心的向背。

坚持人民至上和人民立场，最重要的是要落实到发展和实现人民的实际利益上。我们追求的发展是造福人民的发展，我们追求的

---

① 《习近平谈治国理政》第四卷，外文出版社 2022 年版，第 9 页。

② 《习近平谈治国理政》第三卷，外文出版社 2020 年版，第 70 页。

③ 《万里长江绘宏图——习近平总书记沪苏纪行》，《人民日报》2020 年 11 月 16 日。

富裕是全体人民的共同富裕。中国共产党人要始终把人民生活幸福作为“国之大者”，以最广大人民根本利益作为一切工作的出发点和落脚点。如果不能很好地维护、发展和实现人民的利益，不为人民办实事办好事，党就会脱离人民，就会失去生存和发展的根基，就会丧失自己的先进性。因此，必须牢固树立以人民为中心的发展思想，坚定地把“人民对美好生活的向往”作为我们党的奋斗目标。

追求美好生活是人民利益的永恒主题，也是我们党矢志不移的执政目标。习近平总书记指出：“我们的目标很宏伟，但也很朴素，归根结底就是让全体中国人都过上更好的日子。”①“为人民而生，因人民而兴，始终同人民在一起，为人民利益而奋斗，是我们党立党兴党强党的根本出发点和落脚点。”②

推进共同富裕取得更实质进展，更是由社会主要矛盾变化决定的。党的十八大以来，中国特色社会主义进入了新时代，中国式现代化发展也步入了新的发展阶段，经济结构正在向高质量发展转型，人民生活正在向宽裕高品质水平提升。习近平总书记指出：“现在，我们正在向第二个百年奋斗目标迈进。适应我国社会主要矛盾的变化，更好满足人民日益增长的美好生活需要，必须把促进全体人民共同富裕作为为人民谋幸福的着力点，不断夯实党长期执政基础。高质量发展需要高素质劳动者，只有促进共同富裕，提高城乡居民收入，提升人力资本，才能提高全要素生产率，夯实高质量发展的动力基础。”③

---

① 《习近平谈治国理政》第三卷，外文出版社 2020 年版，第 134 页。

② 《习近平谈治国理政》第四卷，外文出版社 2022 年版，第 511 页。

③ 《习近平谈治国理政》第四卷，外文出版社 2022 年版，第 141 页。

马克思主义认为，生产力与生产关系、经济基础与上层建筑之间的矛盾运动，是推动人类社会变革进步的最基本动力。社会主要矛盾既体现社会基本矛盾的性质，又反映一个社会特定历史阶段所存在的最突出问题。在不同的社会形态或者说相同社会形态的不同历史阶段，社会主要矛盾通常具有不同的表现。我国是社会主义社会，一切发展都是以人民为中心，因而社会基本矛盾和主要矛盾不具有非对抗性，而是直接统一的，它们共同表现为人民群众的生活需求与满足这种需要之间的矛盾。

新时代社会主要矛盾发生转化并不意味着社会基本矛盾的消失，这种变化也不是对之前社会主要矛盾的否定，而是反映我国社会发展的巨大成就，体现了社会主要矛盾变化的连续性和进步性。我们党对新时代社会主要矛盾作出这一关乎全局性的重大判断，是建立在我国经济社会发展状况发生根本性变化基础上的，是有客观现实依据的。比如，在 GDP 总量、人均 GDP、科技发展水平、制造业占 GDP 比重、外汇储备量、城市化水平、生态环境状况以及社会经济结构、需求结构、群体结构等方面的重大变化，都意味着我国在全面建成小康社会的基础上，开启了全面建设社会主义现代化国家的新征程。

二、推进共同富裕是解决地区、城乡和收入差距的需要

毫无疑问，我国发展将长期处于社会主义初级阶段，但社会主义初级阶段也分为不同发展阶段。过去，我国面临的主要矛盾，是人民日益增长的物质文化需要同落后的社会生产之间的矛盾。经过

改革开放特别是党的十八大以来的砥砺奋进，我国经济社会发展取得了巨大成就，小康社会全面建成，GDP 总量、人均 GDP、科技发展水平、制造业占 GDP 比重、外贸出口、外汇储备等综合实力和人民生活状况，都达到了前所未有的新高度，我国用几十年时间就走完了西方发达国家几百年走过的工业化历程，创造了世所罕见的经济快速发展和社会长期稳定“两大奇迹”，从而推动中国式现代化事业迈上了新的台阶，展现了中华民族伟大复兴的壮阔前景。

在当前阶段，我国发展不平衡不充分的突出表现，就是城乡之间、区域之间的发展差距和社会群体之间的收入差距。习近平总书记强调，实现共同富裕不仅是经济问题，而且是关系党的执政基础的重大政治问题。要统筹考虑需要和可能，按照经济社会发展规律循序渐进，自觉主动解决地区差距、城乡差距、收入差距等问题，不断增强人民群众获得感、幸福感、安全感。① 我们要深入实施区域协调发展战略、乡村振兴战略，不断缩小地区、城乡和收入差距，着力提高发展的平衡性、协调性和包容性。缩小“三大差距”，首先要着眼政治和发展全局，不断提高经济社会发展质量和发展的协调性，同时要不断深化收入分配制度改革，提升共同富裕水平，促进人的全面发展和社会全面进步。

扎实推进共同富裕具有鲜明的时代特征和中国特色。以时代问题为导向推进新时代共同富裕实践，就要突出解决好我国发展中普遍存在的以“三大差距”为主要表现的社会主要矛盾。正因为如此，《中共中央　国务院关于支持浙江高质量发展建设共同富

① 《习近平谈治国理政》第四卷，外文出版社 2022 年版，第 171 页。

裕示范区的意见》明确指出："随着我国开启全面建设社会主义现代化国家新征程，必须把促进全体人民共同富裕摆在更加重要的位置，向着这个目标更加积极有为地进行努力，让人民群众真真切切感受到共同富裕看得见、摸得着、真实可感。"但是，"当前，我国发展不平衡不充分问题仍然突出，城乡区域发展和收入分配差距较大""浙江省在探索解决发展不平衡不充分问题方面取得了明显成效，具备开展共同富裕示范区建设的基础和优势，也存在一些短板弱项，具有广阔的优化空间和发展潜力"。该意见在"指导思想"中强调，示范区建设要"坚持稳中求进工作总基调，坚持以人民为中心的发展思想，立足新发展阶段、贯彻新发展理念、构建新发展格局，紧扣推动共同富裕和促进人的全面发展，坚持以满足人民日益增长的美好生活需要为根本目的，以改革创新为根本动力，以解决地区差距、城乡差距、收入差距问题为主攻方向，更加注重向农村、基层、相对欠发达地区倾斜，向困难群众倾斜"，要"构建推进共同富裕的体制机制，着力激发人民群众积极性、主动性、创造性，促进社会公平，增进民生福祉，不断增强人民群众的获得感、幸福感、安全感和认同感，为实现共同富裕提供浙江示范"。据此，我们把浙江高质量发展共同富裕示范区建设的着力点，放在破解新时代社会主要矛盾问题上，坚持以满足人民日益增长的美好生活需要为根本目的，以解决地区差距、城乡差距、收入差距为主攻方向。支持浙江高质量发展建设共同富裕示范区，有利于通过实践进一步丰富共同富裕的思想内涵，有利于探索破解新时代社会主要矛盾的有效途径，有利于为全国推动共同富裕提供省域范例，有利于打造新时代全面展示中国特色社会主义制度优越性的重要窗口。

三、推进共同富裕是顺应科技革命和产业变革趋势的需要

当前，世界新一轮科技革命和产业变革风起云涌。18 世纪以来，世界发生了多次重大科技革命，如近代物理学诞生、蒸汽机和机械、电力和运输、相对论和量子论、电子和信息技术发展等。在科技革命带动下，引发了多次产业变革，如机械化、电气化、自动化、信息化。每一次科技革命和产业变革都深刻改变了世界经济发展格局。

习近平总书记指出，进入 21 世纪以来，全球科技创新进入空前密集活跃的时期，新一轮科技革命和产业变革正在重构全球创新版图、重塑全球经济结构。以人工智能、量子信息、移动通信、物联网、区块链为代表的新一代信息技术加速突破应用，以合成生物学、基因编辑、脑科学、再生医学等为代表的生命科学领域孕育新的变革，融合机器人、数字化、新材料的先进制造技术正在加速推进制造业向智能化、服务化、绿色化转型，以清洁高效可持续为目标的能源技术加速发展将引发全球能源变革，空间和海洋技术正在拓展人类生存发展新疆域。科学技术从来没有像今天这样深刻影响着国家前途命运，从来没有像今天这样深刻影响着人民生活福祉。①

科技革命是产业变革的先导。历次科技革命通过科技成果的产业化、市场化，催生出新的行业，改造旧的产业，塑造产业新格局，推动产业新变革。目前新科技革命将在新一代信息技术、

---

① 《习近平谈治国理政》第三卷，外文出版社 2020 年版，第 245 页。

生物技术、新能源技术、新材料技术、智能制造技术等领域取得突破。对于整体还处于工业化中后期的我国而言，在全球新一轮科技革命和产业变革背景下，经济发展面临着新的重大机遇和挑战，应充分运用科技革命新成果，积极推动我国经济的高质量发展。

科技革命和产业变革对经济发展的影响，本质上是新生产要素替代旧生产要素、新生产方式替代旧生产方式、新动能替代旧动能的过程。适应科技革命和产业变革的发展趋势，一个根本性问题，就是要防止人力资本、人才短缺，造成生产要素供需结构失衡。要大力推进人力资本培育，增加人力资本积累，提高劳动者素质，加快技能型人才和高端创新型人才队伍建设，为高质量发展提供强大的劳动者队伍支撑。而劳动者素质和人力资本的提升，是建立在充分就业和收入提高、良好教育和培训、健全社会保障等基础上的。因为，劳动者素质的培育和提升，都需要政府、社会和个人的大量成本投入。正如习近平总书记所指出的："高质量发展需要高素质劳动者，只有促进共同富裕，提高城乡居民收入，提升人力资本，才能提高全要素生产率，夯实高质量发展的动力基础。"①

第四节　扎实推进共同富裕的目标任务

实现共同富裕是一个分阶段推进的进步过程，我们必须分不同历史阶段、确定不同的发展目标，扎扎实实推进共同富裕。

---

① 习近平：《扎实推动共同富裕》，《求是》2021 年第 20 期。

2021年8月，习近平总书记在中央财经委员会第十次会议上的讲话中指出："要深入研究不同阶段的目标，分阶段促进共同富裕：到'十四五'末，全体人民共同富裕迈出坚实步伐，居民收入和实际消费水平差距逐步缩小。到2035年，全体人民共同富裕取得更为明显的实质性进展，基本公共服务实现均等化。到本世纪中叶，全体人民共同富裕基本实现，居民收入和实际消费水平差距缩小到合理区间。要抓紧制定促进共同富裕行动纲要，提出科学可行、符合国情的指标体系和考核评估办法。"①

根据上述总体战略目标，我们党确定了推进共同富裕的三个阶段性重点目标任务。

一、推进共同富裕第一阶段的目标任务

如前文所述，习近平总书记明确提出：到"十四五"末，主要任务是"全体人民共同富裕迈出坚实步伐，居民收入和实际消费水平差距逐步缩小"。这个时期，要在全面建成小康社会的基础上，进一步巩固拓展脱贫攻坚成果，积极推进经济社会更协调持续发展和经济高质量发展，为全体人民共同富裕夯实基础；推进共同富裕的重点，是"居民收入和实际消费水平差距逐步缩小"，防止收入差距扩大化。这里的工作重心是两个方面：一是居民的收入水平、实际消费水平要与经济增长水平保持同步增长，或高于经济增长；二是全体居民之间的实际收入和实际消费水平要逐步缩小，防止和减少社会各阶层群体间的收入差距扩大化。党的二十大报告在阐述

① 习近平：《扎实推动共同富裕》，《求是》2021年第20期。

未来五年全面建设社会主义现代化国家主要目标任务时，对提高人民生活水平和推进共同富裕又作出了更为具体的部署："居民收入增长和经济增长基本同步，劳动报酬提高与劳动生产率提高基本同步，基本公共服务均等化水平明显提升，多层次社会保障体系更加健全"①。这里，报告着重强调了"两个基本同步"增长、基本公共服务均等化水平提高和多层次社会保障体系更加健全的目标任务。

由此可见，我国现阶段推进共同富裕的重点任务，就是要加快经济高质量发展和经济社会协调持续发展，要更扎实推进收入分配领域改革，调节收入分配政策，提高发展共享水平，切实防止和积极稳妥减少居民收入差距扩大化，要坚持"两个基本同步"增长、实现基本公共服务和社会保障体系"一提一健全"。这些目标任务是现阶段推进共同富裕的重点所在，也是到本世纪中叶基本实现共同富裕的基础和阶段性目标。

二、推进共同富裕第二阶段的目标任务

党的二十大报告指出："从现在起，中国共产党的中心任务就是团结带领全国各族人民全面建成社会主义现代化强国、实现第二个百年奋斗目标，以中国式现代化全面推进中华民族伟大复兴。"②

---

① 习近平：《高举中国特色社会主义伟大旗帜　为全面建设社会主义现代化国家而团结奋斗——在中国共产党第二十次全国代表大会上的报告》，人民出版社 2022 年版，第 25 页。

② 习近平：《高举中国特色社会主义伟大旗帜　为全面建设社会主义现代化国家而团结奋斗——在中国共产党第二十次全国代表大会上的报告》，人民出版社 2022 年版，第 21 页。

党中央对全面建成社会主义现代化强国总体目标，作出了分两步走的战略安排："从二〇二〇年到二〇三五年基本实现社会主义现代化；从二〇三五年到本世纪中叶把我国建成富强民主文明和谐美丽的社会主义现代化强国。"①实现全体人民共同富裕是中国社会主义现代化强国的重要内容，推进共同富裕的目标任务与社会主义现代化强国的战略部署总体上是同步的。

从2020年到2035年我国要基本实现社会主义现代化。与此相适应，"到2035年，全体人民共同富裕取得更为明显的实质性进展，基本公共服务实现均等化"。这期间推进共同富裕的工作力度加大，要在居民收入和实际消费水平差距逐步缩小的基础上，共同富裕的实际成效有更为明显的实质性进展，重点是社会基本公共服务实现均等化。这意味着要在基本公共服务实现均等化提升和社会保障体系基本健全的基础上，实现基本公共服务的均等化。

基本公共服务是为了促进社会公平分配，提高社会发展成果共享性水平，政府按照均等化原则为社会成果提供公平服务。这些服务包括在就业服务和基本社会保障等"基本民生性服务"方面的均等化；在义务教育、公共卫生和基本医疗、公共文化等"公共事业性服务"方面的均等化；在公益性基础设施和生态环境保护等"公益基础性服务"方面的均等化；在生产安全、消费安全、社会安全、国防安全等"公共安全性服务"方面的均等化；等等。

基本公共服务均等化是指全体公民都能公平可及地获得大致均

---

① 习近平：《高举中国特色社会主义伟大旗帜　为全面建设社会主义现代化国家而团结奋斗——在中国共产党第二十次全国代表大会上的报告》，人民出版社2022年版，第24页。

等的基本公共服务，基本宗旨是人人共享、普遍受益，核心是促进机会均等，重点是保障人民群众得到基本公共服务的机会，而不是简单的平均化。推进基本公共服务均等化，是实现人人共享社会发展成果的必然选择，也是推进和实现不同发展阶段共同富裕的重要内容。通过实现基本公共服务均等化，让人民共享改革发展成果，是更有效解决民生问题、化解社会矛盾、体现社会公平、推动全体人民共同富裕的重要途径。建立健全社会基本公共服务体系，逐步提升基本公共服务水平，使人民群众能有更多的获得感、幸福感、安全感。

三、推进共同富裕第三阶段的目标任务

到本世纪中叶，我国要建成富强民主文明和谐美丽的社会主义现代化强国。推进和实现共同富裕第三大阶段目标是："到本世纪中叶，全体人民共同富裕基本实现，居民收入和实际消费水平差距缩小到合理区间"。

全体人民共同富裕涉及社会的全面进步和人的全面发展。但是，从实质上讲，共同富裕最核心、最基本、最直接的问题，是在做大"蛋糕"的基础上，把"蛋糕"切好、分好。

因此，社会全体居民之间的收入和实际消费水平差距要缩小到一个"合理区间"。特别要指出的是："居民收入和实际消费水平差距缩小到合理区间"[①]是一个极为重要的科学判断，它说明，在推进共同富裕过程中，居民的收入和实际消费水平的差距要缩小，不

① 习近平：《扎实推动共同富裕》，《求是》2021年第20期。

能持续扩大，更不能出现贫富两极分化，但也不是说差距越小越好，更不是要消除差距搞绝对的平均主义，正确的目标取向和做法是：要使差距保持在“合理区间”。“合理区间”的范围是什么？基本指标有哪些？这需要根据国内外历史经验、经济社会发展阶段、各个行业特点等综合因素确定，而且必须建立健全相应的指标体系，做广泛深入的科学监测和动态调整。要体现效率与公平的统一，实现“做蛋糕”与“切蛋糕”的均衡。

总之，我们党对中国式现代化进程中的共同富裕近期、中期和远期目标都作了科学安排。我们要从不同历史阶段的客观现实出发，确定推进共同富裕的目标任务和行动方案，提出科学可行、符合国情的指标体系和考核评估办法，积极稳妥地推进共同富裕的各项工作。

第五节　扎实推进共同富裕的基本原则

实现共同富裕是一个长期的历史进步过程，也是当前一项重大的现实任务，更是一项牵一发而动全身的系统工程。我们在实际工作中，必须按照习近平总书记的部署和要求，正确认识和把握好以下几个重大原则。

一、坚持勤劳创新致富

实现共同富裕的美好理想，需要每个人的奋斗创造。习近平总书记指出：“幸福生活都是奋斗出来的，共同富裕要靠勤劳智慧来创造。”[①]共同富裕是一个全体人民共同劳动创造财富和共同分享财富的历史过程，我们必须鼓励勤劳致富、创新致富，这样才能不断推进共同富裕。共同富裕是奋斗出来的。分享财富首先要创造出财富，做大做好“蛋糕”是切好分好“蛋糕”的基础。为此，要重点做好以下三方面工作。

第一，要坚定不移地推进高质量发展。发展是社会文明进步的基础，也是解决社会一切矛盾和问题的关键。我们要坚持在发展中保障和改善民生，推进共同富裕，因而必须坚定不移地把推动高质量发展放在首位，为实现共同富裕奠定物质基础。

第二，要激发每个人的创造活力。全体人民是创造财富和分享财富的主体，每个人的素质、技能对推进共同富裕实践具有根本性作用和意义。因此，要努力为人民提高受教育程度、增强发展能力创造更加普惠公平的条件，不断提升全社会人力资本和专业技能，提高就业创业能力，增强致富本领。

第三，为人们勤劳创新致富提供良好的发展环境。要充分尊重、调动和发挥每个人创造财富的积极性和创造性，必须转变观念，改革那些阻碍人们创业创新积极性的体制机制，尤其要防止社会阶层固化现象，积极畅通人们通过自己努力向上流动的通道，增强就业创业的公平性、普惠性，给更多人创造致富的机会，形成人人参与创造社会财富的良好发展环境，避免出现“内卷”“躺平”的消极现象。2018 年，习近平总书记在打好精准脱贫攻坚战座谈会上的讲话中强调，要通过营造勤劳致富氛围等措施激发人民群众

---

① 习近平：《扎实推动共同富裕》，《求是》2021 年第 20 期。

走向富裕的内生动力。[①] 只有充分发挥全体人民的积极性和创造性，才能源源不断地创造财富。

总之，积极鼓励人们勤劳致富、创新致富，是我们在推进共同富裕过程中应把握好的一个基本原则。国家层面要提供勤劳致富、创新致富的体制和政策，社会层面要积极营造人人创新创业致富的氛围，个人层面要树立幸福生活是奋斗出来的理念，积极提升个人创业创新致富的积极性和能力。

二、坚持基本经济制度

实现共同富裕是一个连续不断的发展过程，先富带后富是实现共同富裕的基本方式，全体人民的共同创造是实现共同富裕的根本动力。企业是经济发展的微观主体，企业家的活力是市场经济发展的原动力。因此，在推进共同富裕和中国式现代化过程中，必须毫不动摇地坚持基本经济制度。基本经济制度是国家依据社会性质和基本国情，通过法律对生产资料、社会资源归属作出明确规定的制度。公有制为主体、多种所有制经济共同发展，按劳分配为主体、多种分配方式并存，社会主义市场经济体制等是我国的基本经济制度。社会主义基本经济制度更有利于调动全体人民创造财富的积极性，也更利于保障全体人民实现共同富裕。社会制度特别是基本经济制度直接决定社会创造财富和分配财富的基础规则。习近平总书记指出："一些发达国家工业化搞了几百年，但由于社会制度原因，

---

① 习近平：《在打好精准脱贫攻坚战座谈会上的讲话》，人民出版社 2020 年版，第 25 页。

到现在共同富裕问题仍未解决，贫富悬殊问题反而越来越严重。”①

在资本主义基本经济制度下，由于生产资料私人所有制和资本往往占据社会运行主导地位，因而出现贫富“两极分化”是在所难免的。我国社会主义基本经济制度是根据基本国情、全体人民共同利益制定的，并且在发展实践中不断改革完善，国家在优化资源配置、调控经济有序运行、合理分配社会财富、防止“两极分化”、兼顾社会各方利益等方面，都发挥着重大的积极作用，从而在基本经济制度和国家宏观调控层面积极有效地推进社会财富的创造和分配。

发挥我国社会主义基本经济制度在推进共同富裕中的根本作用，关键是要毫不动摇巩固和发展公有制经济，毫不动摇鼓励、支持和引导非公有制经济发展，保证各种所有制经济依法平等使用生产要素、公平参与市场竞争、同等受到法律保护。习近平总书记多次强调：实行公有制为主体、多种所有制经济共同发展的基本经济制度，是我们党和国家确立的一项大政方针，是中国特色社会主义制度的重要组成部分，也是完善社会主义市场经济体制的必然要求。公有制经济和非公有制经济都是社会主义市场经济的重要组成部分，都是我国经济社会发展的重要基础。我国是中国共产党领导的社会主义国家，长期以来，公有制经济为国家建设、国防安全、人民生活改善作出了突出贡献，是全体人民的宝贵财富，要继续把公有制经济巩固好、发展好。我国非公有制经济从小到大、由弱变强，是在我们党和国家方针政策指引下实现的，非公有制经济是稳定经济的重要基础，是国家税收的重要来源，是技术创新的重要主

---

① 习近平：《扎实推动共同富裕》，《求是》2021年第20期。

体，是金融发展的重要依托，是经济持续健康发展的重要力量，对稳定增长、促进创新、增加就业、改善民生等发挥了重要作用。我们要推进共同富裕和现代化强国建设，“国家这么大、人口这么多，又处于并将长期处于社会主义初级阶段，要把经济社会发展搞上去，就要各方面齐心协力来干，众人拾柴火焰高”①。共同富裕的幸福生活是靠全体人民共同奋斗出来的。

正因为如此，我们必须坚持公有制的主体地位，毫不动摇地鼓励、支持和引导非公有制经济发展，大力发挥公有制经济在促进共同富裕中的重要作用，为非公有制经济发展营造良好环境和提供更多机会，为非公有制经济健康发展、非公有制经济人士健康成长创造更多条件。要鼓励那些靠自己勤劳智慧去创造更多社会财富的人，允许一部分人先富起来，同时也要提倡先富带后富、帮后富，重点要鼓励那些辛勤劳动、合法经营、敢于创业的致富带头人。当然，不能提倡靠偏门致富的现象，对那些违法违规的行为则要严格依法处理。

三、坚持尽力而为、量力而行

脱离基本国情和发展基础的过高目标，只会事与愿违。我们既要尽心尽力促进共同富裕，又要量力而行，扎扎实实促进共同富裕。

习近平总书记强调指出：“要根据现有条件把能做的事情尽量做起来，积小胜为大胜，不断朝着全体人民共同富裕的目标前

① 《习近平谈治国理政》第二卷，外文出版社2017版，第260页。

进。”[①]到本世纪中叶基本实现共同富裕是新时代中国经济社会发展的长远的战略目标。当然，说共同富裕是长远的目标，不是说推进共同富裕实践可以等一等、慢慢来。推进共同富裕不能急也不能等，不能超越现实盲动，也不能安于现实无所作为，要加大工作力度，取得更明显的实质性进展。当前，尤其要加快建立健全更科学合理的公共政策体系，把“蛋糕”分好，要加快形成人人享有的合理分配格局，以更大的力度、更实的举措让人民群众共享改革发展成果，使人民群众有更多的获得感幸福感安全感。

与此同时，我们也要清醒看到，我国各地发展差异大，人口规模大，经济发展水平离发达国家还有很大差距。因此，要立足国情和现实，“统筹需要和可能，把保障和改善民生建立在经济发展和财力可持续的基础之上，不要好高骛远，吊高胃口，作兑现不了的承诺。政府不能什么都包，重点是加强基础性、普惠性、兜底性民生保障建设。即使将来发展水平更高、财力更雄厚了，也不能提过高的目标，搞过头的保障，坚决防止落入‘福利主义’养懒汉的陷阱”[②]。

因此，要坚持尽力而为与量力而行的现实统一。这是我们推进共同富裕的正确态度和可行方法。

四、坚持久久为功、循序渐进

实现共同富裕既要着眼长远，更要立足现实，久久为功，一步

① 《习近平谈治国理政》第二卷，外文出版社 2017 年版，第 215 页。

② 习近平：《扎实推动共同富裕》，《求是》2021 年第 20 期。

步推进，不能把起点当终点，也不能把未来目标当现实。

实现共同富裕是一个由初级阶段向更高阶段不断提升的历史发展过程，这是长期的艰巨的任务，不可能一蹴而就。以为很快就能实现或者毕其功于一役，都是幼稚的、不切实际的，是十分有害的。而且在推进共同富裕和社会主义现代化过程中，还会遇到这样那样的困难和风险。我们要对其艰巨性、曲折性、复杂性有充分的认识。如何实现全体人民共同富裕，处理好效率与公平问题，迄今还是一个大难题。中国式现代化为推动全体人民共同富裕指明了方向和基本路径，但推进过程中的探索性、艰巨性和复杂性也是显而易见的。

如前文所述，我们党科学规划和制定了实现共同富裕和现代化强国建设分阶段、分步骤地实施的战略目标。中国共产党坚持“一张蓝图绘到底”“一任接着一任干”，带领中国人民向着目标接力奋斗。分阶段制定目标，分步骤稳妥实施，一步步积极推进，既明确了不同时期共同富裕和中国式现代化的阶段性目标和任务，又体现了中国共产党注重总体谋划和持续接力奋斗的鲜明实践特征。

共同富裕是生产力、生产关系和社会制度长期文明进步的结果。无论是社会生产力水平的提高还是社会运行制度体制的改进完善，都是一个动态的长期历史文明进步过程。我们要充分认识到共同富裕及其实现是一个历史的、现实的辩证过程，在推进共同富裕历史进程中要把握好尽力而为、量力而行、循序渐进的原则。推进共同富裕是一个有其客观规律的发展过程。财富的创造和分配实际上是整个社会经济、政治、文化、国家、企业、个人、自然生态、历史人文，甚至世界时代发展等复杂因素统筹融合的结果，共同富裕不可能是单一突进的，只有遵循经济社会和人类历史发展客观规律，把共同富裕自身的过程融入整个社会和历史运动的“大过程”之中，才能逐步推进和实现。

事物发展都有一个积少成多、由量变到质变的过程。推进全体人民共同富裕是一件大好事，是推动人类现代文明新进步的一件开创性事业。但要办好这件事，等不得，也急不得。习近平总书记指出：“促进全体人民共同富裕是一项长期任务，也是一项现实任务，急不得，也等不得，必须摆在更加重要的位置，脚踏实地，久久为功，向着这个目标作出更加积极有为的努力”①。而且，“这是一个在动态中向前发展的过程，要持续推动，不断取得成效”②。实现共同富裕的长期性、历史性和复杂性，更是由我国的基本国情所决定的。党的二十大报告指出：“中国式现代化是人口规模巨大的现代化。我国十四亿多人口整体迈进现代化社会，规模超过现有发达国家人口的总和，艰巨性和复杂性前所未有，发展途径和推进方式也必然具有自己的特点。我们始终从国情出发想问题、作决策、办事情，既不好高骛远，也不因循守旧，保持历史耐心，坚持稳中求进、循序渐进、持续推进。”③党的十八大以来，我国经济发展平衡性、协调性、可持续性明显增强，但发展不平衡不充分问题仍然突出，推进高质量发展有许多卡点瓶颈，科技创新能力还不强；城

---

① 习近平：《论把握新发展阶段、贯彻新发展理念、构建新发展格局》，中央文献出版社 2021 年版，第 503 页。

② 习近平：《扎实推动共同富裕》，《求是》2022 年第 20 期。

③ 习近平：《高举中国特色社会主义伟大旗帜　为全面建设社会主义现代化国家而团结奋斗——在中国共产党第二十次全国代表大会上的报告》，人民出版社 2022 年版，第 22 页。

乡区域发展和收入分配差距仍然较大；群众在就业、教育、医疗、托育、养老、住房等方面面临不少难题；生态环境保护任务依然艰巨；等等。这些问题特别是我国城乡区域发展差距和群体收入差距问题，无疑是长期存在的。解决这些问题，实质上就是推动全体人民共同富裕的过程。

第六节　扎实推进共同富裕的基本路径

党的十八大以来，我们党和国家对推进共同富裕作出了重要部署。习近平总书记系统谋划和深刻阐述了我国扎实推进共同富裕的总体思路和基本路径，主要体现在以下六个方面。

一、不断提高发展的平衡性、协调性、包容性

提升发展平衡性、协调性、包容性是推进共同富裕的内在要求，也是解决好人民日益增长的美好生活需要和不平衡不充分的发展之间的矛盾的题中之义。

显然，地区差距、城乡差距、收入差距是我国当前和今后相当长时期发展不平衡性和影响发展共享性的集中表现。从宏观上讲，这“三大差距”实质上就是我国经济社会发展和推进共同富裕的全局性、根本性问题，逐步缩小它们之间的差距，也就是从经济社会发展的深层结构上推进全体人民的共同富裕。习近平总书记强调指出：“要把提高发展平衡性放在重要位置，不断推动公共资源向基层延伸，构建优质均衡的公共服务体系，建成全覆盖可持续的社会

保障体系。”[①]增强区域发展的平衡性，从全国角度讲，要加快实施“长三角一体化”“京津冀协同发展”等区域重大战略和区域协调发展战略；同时还要健全转移支付制度，缩小区域人均财政支出差异，加大对欠发达地区的支持力度。从提高发展协调性角度讲，尤其要重视自然生态、城市乡村、经济结构、社会结构等各个领域、各个行业发展的协调性。提升发展包容性与发展协调性本质上是一致的。“包容性增长”这个概念是2007年由亚洲开发银行提出的，主旨是与单纯追求经济增长不同的一种更注重倡导机会平等、经济和社会协调发展、可持续发展的增长方式，其中一个最基本含义是强调更公平合理分享经济增长成果。[②]可以说，“包容性增长”在一定程度上也包含或体现了共同富裕的内在要求。

总体上讲，提高我国经济的平衡性、协调性和包容性，实质上就是要推动经济的高质量发展，就是要体现和落实创新、协调、绿色、开放、共享的新发展理念，也体现了全国发展整体性和协调性原则。完整、准确、全面贯彻新发展理念是实现我国高质量发展目标、破解发展难题、厚植发展优势，不断推动新时代我国经济持续健康发展的必由之路，也是扎实推动我国共同富裕的根本之策。

二、着力扩大中等收入群体规模

人类经济社会发展经验表明，在推进工业化、城镇化和科技教育现代化过程中，客观上会形成一个以中等收入群体为主体的“橄

---

① 习近平：《在深圳经济特区建立40周年庆祝大会上的讲话》，人民出版社2020年版，第11页。

② 秦正为：《中国特色社会主义国家利益观》，人民出版社2013年版，第119页。

榄型”社会阶层结构体系。这是实现经济社会现代发展的阶层（劳动力）动力，也是维持社会长期稳定秩序的阶层基础。扩大中等收入群体规模是防止收入分配出现“两极分化”，形成“橄榄型”劳动结构、分配结构和社会结构，促进社会共享性发展的重要路径之一。这是人类推进现代化过程中的一个带有普遍性的规律现象。

2016 年 5 月，习近平总书记在中央财经领导小组第十三次会议上的讲话中提出扩大中等收入群体规模需要做到“六个必须”：“扩大中等收入群体，必须坚持有质量有效益的发展，保持宏观经济稳定，为人民群众生活改善打下更为雄厚的基础；必须弘扬勤劳致富精神，激励人们通过劳动创造美好生活；必须完善收入分配制度，坚持按劳分配为主体、多种分配方式并存的制度，把按劳分配和按生产要素分配结合起来，处理好政府、企业、居民三者分配关系；必须强化人力资本，加大人力资本投入力度，着力把教育质量搞上去，建设现代职业教育体系；必须发挥好企业家作用，帮助企业解决困难、化解困惑，保障各种要素投入获得回报；必须加强产权保护，健全现代产权制度，加强对国有资产所有权、经营权、企业法人财产权保护，加强对非公有制经济产权保护，加强知识产权保护，增强人民群众财产安全感。”①

2021 年 8 月，习近平总书记在中央财经委员会第十次会议上的讲话中重点对如何推动中国社会五类不同群体成为中等收入群体提出要求：“高校毕业生是有望进入中等收入群体的重要方面，要提高高等教育质量，做到学有专长、学有所用，帮助他们尽快适应

① 中共中央党史和文献研究院编：《习近平关于总体国家安全观论述摘编》，中央文献出版社 2018 年版，第 147—148 页。

社会发展需要。技术工人也是中等收入群体的重要组成部分，要加大技能人才培养力度，提高技术工人工资待遇，吸引更多高素质人才加入技术工人队伍。中小企业主和个体工商户是创业致富的重要群体，要改善营商环境，减轻税费负担，提供更多市场化的金融服务，帮助他们稳定经营、持续增收。进城农民工是中等收入群体的重要来源，要深化户籍制度改革，解决好农业转移人口随迁子女教育等问题，让他们安心进城，稳定就业。要适当提高公务员特别是基层一线公务员及国有企事业单位基层职工工资待遇。要增加城乡居民住房、农村土地、金融资产等各类财产性收入。”①

扩大中等收入群体，形成“橄榄型”社会结构，是经济社会综合发展的结果，涉及各行各业的统筹发展。但其中一个重要着力点，是对各类高等学校人才（科技人员）、技术工人、中小企业主（个体工商户）、进城农民工、公务员（企事业单位职工）队伍的培养，创造高质量就业环境，造就中等收入劳动者大军，稳定收入增长，形成社会阶层向上流动的体制机制，尤其要重视和创造条件，不断“增加城乡居民住房、农村土地、金融资产等各类财产性收入”②。

三、促进基本公共服务均等化

党的十九大报告提出，到2035年要达到“基本公共服务均等化基本实现”的目标。共同富裕不只是劳动收入水平的提高，同时

---

① 习近平：《扎实推动共同富裕》，《求是》2021年第20期。

② 习近平：《扎实推动共同富裕》，《求是》2021年第20期。

还包含更广泛的“社会性收入”，比如社会保障、社会公共服务等社会共享性的（富裕）收入。基本公共服务均等化水平是共同富裕的基本内容，同时也是社会效率和社会公平内在的重要结合点。从总体上看，促进基本公共服务均等化应将以下两个方面的工作作为主要抓手。

首先，建立健全社会保障制度。一是要提升社会救助服务水平。要围绕幼有所育、学有所教、劳有所得、病有所医、老有所养、住有所居、弱有所扶这些普遍的社会生活难题，建立健全医疗、失业、养老等覆盖全民、统筹城乡、公平统一、安全规范、可持续的多层次社会保障制度。“低收入群体是促进共同富裕的重点帮扶保障人群。要加大普惠性人力资本投入，有效减轻困难家庭教育负担，提高低收入群众子女受教育水平。”①二是要建立健全普惠性社会保障制度。在防止两极分化的托底性社会救助制度和社会政策的基础上，还必须把社会救助制度与社会保障制度有机对接起来，提供最基本的均等性、普惠性社会公共产品。如果说最低生活保障、最低工资等社会救助是兜底性的社会收入分配的话，那么，社会保障、社会事业等公共产品则是普惠性的社会收入分配。尽管是普惠性的社会保障制度，但事实上它们对困难群体、低收入者的受惠程度和公平价值更大。因为这些群体的生存和发展需求更为迫切，也能更多地解决他们的实际生活困难。在社会现实生活中，要推进共同富裕就更需要保障和提高低收入、困难群体的生活水平，要在托底基础上，不断筑牢惠及全体社会成员生活的安全保障网。

其次，提升基本公共服务均等化水平。习近平总书记强调：

① 习近平：《扎实推动共同富裕》，《求是》2021 年第 20 期。

"要着力补齐民生短板，破解民生难题，兜牢民生底线，办好就业、教育、社保、医疗、养老、托幼、住房等民生实事，提高公共服务可及性和均等化水平。"[1]要积极发展教育、卫生、体育、科普等公共社会事业，建设和完善公交、道路、机场、绿化等公共基础设施。这些社会保障制度、公共事业和公共设施等，都属于制度性或普惠性的社会公共产品。这些公共产品既是社会健康发展的重要基础和条件，同时也是国民收入的一种再分配。值得指出的是，无论是个人的、实体性收入还是共享性的社会保障水平，并不是越高越好，而必须根据经济社会发展水平来确定。习近平总书记指出："促进共同富裕，不能搞'福利主义'那一套。当年一些国家搞民粹主义，高福利养了一批'懒人'和不劳而获者，结果国家财政不堪重负，落入'中等收入陷阱'，长期不能自拔。福利待遇上去了就下不来了，搞超出能力的'福利主义'是不可持续的，必然会带来严重的经济和政治问题！我们要坚持尽力而为、量力而行，重在提升公共服务水平，在教育、医疗、养老、住房等人民群众最关心的领域精准提供基本公共服务，兜住困难群众基本生活底线，不吊高胃口、不空头许诺。"[2]

中国还是一个发展中国家，人口又那么多，在逐步提高社会保障水平和基本公共服务均等化水平过程中，一定要从基本国情出发，坚持量力而行和可持续发展原则，兼顾公平与效率相统一，保在保底线、保困难群众、保社会均等化，既不能无所作为，也不能搞过头的"福利主义"，而是要随着经济社会的发展而积极有序适

---

① 习近平：《论把握新发展阶段、贯彻新发展理念、构建新发展格局》，中央文献出版社 2021 年版，第 535 页。

② 《习近平谈治国理政》第四卷，外文出版社 2022 年版，第 210—211 页。

度地提高社会福利水平。习近平总书记指出：要建立科学的公共政策体系，形成人人享有的合理分配格局。要统筹需要和可能，把保障和改善民生建立在经济发展和财力可持续的基础之上，重点是加强基础性、普惠性、兜底性民生保障建设。对其长期性、艰巨性、复杂性要有充分估计，鼓励各地因地制宜探索有效路径，总结经验，逐步推开。[①]

四、加强对过高收入的规范和调节

合理的收入分配制度是经济社会持续健康发展和推进共同富裕的关键性问题之一，也是形成“橄榄型”社会阶层结构的一个重要前提。

社会“橄榄型”阶层结构是由诸多“橄榄型的子系统”组成的，而“中间大两头小的橄榄型分配结构”就是其中之一，而积极形成“橄榄型分配结构”，是扎实推进共同富裕的重要目标。如何形成“橄榄型分配结构”呢？“提低调高”就是其中的重要举措。“提低”是指积极稳妥提高低收入者的收入水平，“调高”就是指调节过高收入者的收入。

习近平总书记在中央财经委员会第十次会议上的讲话中，就如何规范和调节高收入指出了六大具体途径：其一，要合理调节过高收入，完善个人所得税制度，规范资本性所得管理。其二，要积极稳妥推进房地产税立法和改革，做好试点工作。其三，要加大消费环节税收调节力度，研究扩大消费税征收范围。其四，要加强公益

① 《习近平谈治国理政》第四卷，外文出版社2022年版，第143页。

慈善事业规范管理，完善税收优惠政策，鼓励高收入人群和企业更多回报社会。其五，要清理规范不合理收入，加大对垄断行业和国有企业的收入分配管理，整顿收入分配秩序，清理借改革之名变相增加高管收入等分配乱象。其六，要坚决取缔非法收入，坚决遏制权钱交易，坚决打击内幕交易、操纵股市、财务造假、偷税漏税等获取非法收入行为。①

调节过高收入的上述六条举措，又可以分为三类现象：一是对那些不违法的过高收入现象，应通过完善税收政策进行调节；二是发展和规范公益慈善事业，鼓励高收入人群和企业回报社会；三是对不合理收入和分配乱象，进行清理、整顿、规范，而对那些违规非法收入现象必须坚决取缔打击。要坚持发展致富，鼓励创新创业，创造更多财富。要保护产权和知识产权，倡导和保护合法致富。要调动企业家积极性，促进各类资本规范健康发展，防止资本无序扩张。总之，对过高收入现象要分类规范治理，立足长远，标本兼治。

五、促进人民精神生活共同富裕

我们所理解的共同富裕有着广泛内容，不仅指物质上的富裕，还包括精神上的富有。习近平总书记指出："实现中华民族伟大复兴的中国梦，物质财富要极大丰富，精神财富也要极大丰富。"②我们所追求的共同富裕是"物质生活和精神生活都富裕"③。党的二十

① 习近平：《扎实推动共同富裕》，《求是》2021 年第 20 期。

② 《习近平谈治国理政》第二卷，外文出版社 2017 年版，第 323 页。

③ 习近平：《扎实推动共同富裕》，《求是》2021 年第 20 期。

大报告指出："中国式现代化是物质文明和精神文明相协调的现代化。物质富足、精神富有是社会主义现代化的根本要求。物质贫困不是社会主义，精神贫乏也不是社会主义。"[①]新时代，人民群众对美好生活的向往已不仅仅局限在物质层面，还越来越多地希望拥有更丰富的精神文化生活。因此，我们也要将"精神富有"作为共同富裕的重要内容，在推动经济社会高质量发展，促进"物质富有"的同时，不断满足人民群众多样化、多层次、多方面的精神文化需求，让人民群众在精神层面有更多获得感、幸福感、安全感，要"继续锲而不舍、一以贯之抓好社会主义精神文明建设，为全国各族人民不断前进提供坚强的思想保证、强大的精神力量、丰润的道德滋养"[②]。"要强化社会主义核心价值观引领，加强爱国主义、集体主义、社会主义教育，发展公共文化事业，完善公共文化服务体系，不断满足人民群众多样化、多层次、多方面的精神文化需求。要加强促进共同富裕舆论引导，澄清各种模糊认识，防止急于求成和畏难情绪，为促进共同富裕提供良好舆论环境。"[③]

为什么要把精神上的"富有"作为共同富裕的基本内容？这是因为，我们的发展都是以人民为中心的发展，发展是以人的全面进步为根本的，精神文化是人的需求和人的全面进步的基本内容，美好生活自然包括人的精神生活。中国式现代化突出经济社会发展的协调性和融合性，而且，创造物质财富的经济活动与人

---

① 习近平：《高举中国特色社会主义伟大旗帜　为全面建设社会主义现代化国家而奋斗——在中国共产党第二十次全国代表大会上的报告》，人民出版社 2022 年版，第 22—23 页。

② 《习近平谈治国理政》第二卷，外文出版社 2017 年版，第 323 页。

③ 习近平：《扎实推动共同富裕》，《求是》2021 年第 20 期。

的精神文化活动是内在统一、共存共融、相互促进的，推进和实现共同富裕离不开精神文化的发展。因此，精神富有既是共同富裕的重要内容和目标，也是推进共同富裕的重要动力和条件。

六、促进农民农村共同富裕

解决好“三农”问题是我们党和国家长期面临的一个根本性问题。习近平总书记强调：“促进共同富裕，最艰巨最繁重的任务仍然在农村。”[①]我国现阶段发展不平衡不充分的特征还较为明显，要实现惠及“全体人民”的共同富裕还有很长的路要走，重点难点就在农村。

2021 年 5 月，第七次全国人口普查主要数据公布，居住在乡村的人口为 50979 万人，占 36.11%。[②]单从这个数字看，没有农村和农民的富裕，就不可能实现惠及全体人民的共同富裕。如果说我国已经将全体人民“一个不能少”地带入了“全面小康社会”，那么，接踵而至的艰巨任务便是将全体人民“一个都不能少”地带入“共同富裕”，而要实现这一目标，最艰巨的任务便是要更大力度推进乡村振兴，促进广大农村农民走向共同富裕。一方面，要巩固拓展脱贫攻坚成果，对易返贫致贫人口要加强监测、及早干预，对脱贫县要扶上马送一程，确保不发生规模性返贫和新的致贫。另一方面，要全面推进乡村振兴，加快农业产业化，盘活农村资产，增加农民财产性收入，使更多农村居民勤劳

---

① 习近平：《扎实推动共同富裕》，《求是》2021 年第 20 期。

② 《第七次全国人口普查结果公布！全国人口共 14.1178 亿人》，央视新闻客户端，见 http://m.news.cctv.com/2021/05/11/ARTIGhuT8SfKgM79GUL5f6Kz210511.shtml。

致富。要加强农村基础设施和公共服务体系建设，改善农村人居环境。

我国广大农村要在全面建成小康社会的基础上，接续推进更高水平的发展，这是一个更为长期而艰巨的历史任务。当前，要扎扎实实推进乡村振兴，切实增强城乡统筹发展能力，不断加快“三农”现代化水平，为农村推进共同富裕创造良好的基础和环境。

第七节　支持浙江开展推进高质量发展建设共同富裕示范区

尊重实践和人民群众的首创精神，把顶层设计与“摸着石头过河”结合起来，对重大决策坚持试点先行，善于总结典型实践经验并用于指导面上工作，这是我们党一贯坚持的正确领导方法，也是中国改革开放成功的一个基本经验。

（一）在浙江先行开展共同富裕示范区建设

在一个拥有 14 亿多人口的社会主义大国推进共同富裕，是人类发展史上一场史无前例的社会实践，是开创人类现代化文明新形态的伟大创举，因而也是极为艰巨复杂的变革性实践，需要在理论和实践上进行大胆探索和创新。显然，先行在某些省域和地区开展试点试验，积累经验后再全面推进实践，充分体现了党和国家对推动共同富裕这项历史性决策是积极而又慎重的。正如习近平总书记指出的：“我们要有耐心，实打实地一件事一件事办好，提高实效。要抓好浙江共同富裕示范区建设，鼓励各地因地制宜探索有效路径，总结经验，逐步推开。”①

2021年全国两会后，在中央颁布的《中华人民共和国国民经济和社会发展第十四个五年规划和2035年远景目标纲要》中，就具体部署了在全面建成小康社会基础上推进共同富裕取得实质性进展的目标任务，并提出支持浙江开展推进高质量发展建设共同富裕示范区。2021年6月，《中共中央　国务院关于支持浙江高质量发展建设共同富裕示范区的意见》发布，全面部署推进共同富裕示范区建设。随后，浙江省委、省政府专门出台了《浙江高质量发展建设共同富裕示范区实施方案（2021—2025年）》。自此，新时代高质量发展建设共同富裕省域示范实践，在浙江大地上徐徐拉开了序幕。浙江的高质量发展建设共同富裕示范实践，将为新时代中国式现代化建设和推进共同富裕实践先行探路，提供可供借鉴的样本。

（二）浙江推进高质量发展建设共同富裕示范区的基本部署

根据中央部署和浙江实际，经反复调研探讨和精心谋划，浙江省委、省政府就如何扎实推进高质量发展建设共同富裕示范区，提出了系统思路和举措，主要有：

根据党中央国务院下发的《关于支持浙江推进高质量发展建设共同富裕示范区的意见》，按照坚持党的领导、以人民为中心、共建共享、改革创新、系统观念和国家所需、浙江所能、群众所盼、未来所向的工作原则，确定了示范区建设“两步走”发展目标，即到2025年，推动高质量发展建设共同富裕示范区取得明显实质性

---

① 习近平：《扎实推动共同富裕》，《求是》2021年第20期。

进展，率先基本建立推动共同富裕的体制机制和政策框架，率先基本形成更富活力创新力竞争力的高质量发展模式，率先基本形成以中等收入群体为主体的橄榄型社会结构，率先基本实现人的全生命周期公共服务优质共享，人文之美、生态之美、和谐之美更加彰显；到2035年，高质量发展取得更大成就，基本实现共同富裕，率先探索建设共同富裕美好社会。

按照中央对浙江示范区确定的高质量发展高品质生活先行区、城乡区域协调发展引领区、收入分配制度改革试验区和文明和谐美丽家园展示区的四大战略定位，浙江省委、省政府进一步具体化为“七个先行示范”的基本内容框架：即“打好服务构建新发展格局组合拳，推进经济高质量发展先行示范”“实施居民收入和中等收入群体双倍增计划，推进收入分配制度改革先行示范”“健全为民办实事长效机制，推进公共服务优质共享先行示范”“拓宽先富带后富有效路径，推进城乡区域协调发展先行示范”“打造新时代文化高地，推进社会主义先进文化发展先行示范”“建设国家生态文明试验区，推进生态文明建设先行示范”和“坚持和发展新时代‘枫桥经验’，推进社会治理先行示范”。在“七个先行示范”中又进一步细化为54项重点工作任务。

聚焦上述“七个先行示范”的七大领域和54项重点工作，系统谋划，分别建立了话语体系、目标体系、工作体系、政策体系和评价体系，进行集成化部署，清单化推进，使目标任务可分解可量化，可评价可考核，工作任务落实到职能部门，落实到人。比如，“七个先行示范”领域分别确定了56项目标和评价指标，并按年度落实推进。

围绕缩小和解决地区差距、城乡差距和收入差距，把精准识别和推动特定区域、特定家庭、特定人群更好发展作为基础性工作，推进省域一体化发展及山区 26 县高质量发展、高质量实施乡村振兴战略和加快农业转移人口市民化步伐，着力“扩中提低”和完善收入分配调节机制，加快推动形成以中等收入群体为主体的橄榄型社会结构。毫无疑问，“三大差距”是我国现阶段发展中不平衡不协调的突出问题，是推进共同富裕的主要障碍，自然也是浙江破解推进共同富裕难题的聚焦点和主攻方向。

以改革创新为根本动力推进共同富裕。浙江省围绕“扩中提低”、缩小地区发展差距、缩小城乡发展差距、公共服务优质共享、精神生活富有和共同富裕现代化基本单元，以数字化改革为依托，制定和出台了 34 项重大改革举措，探索形成了农业转移人口市民化机制、生态产品价值实现机制等一大批制度性共富模式，在实践中取得了积极成效。

讲究方法，典型引路，以打造十大标志性成果为突破口推动面上工作。浙江省围绕“浙里健康”“浙有善育”“浙里康养”“共富现代化基本单元（社区）”“山区 26 县高质量发展”“农村集体经济改革发展（强村富民）”“高质量就业创业体系”“扩中提低”“浙江有礼省域文明实践品牌”和“为民办事智能速办”十个方面，全力打造可复制可推广的一批标志性成果，以推动全省共同富裕建设实践。

构建共同富裕示范区建设推进机制。浙江省成立高质量发展建设共同富裕示范区领导小组，组建省委社会建设委员会，形成省委主要领导每月研究共同富裕工作的常态化领导机制；形成清单管理、改革探索和试点推广、专班协同等工作推进机制；构建省市县三级统筹协调，各市县建立社建委抓日常工作的联动机制；成立省委建设共同富裕示范区咨询委，大成集智推动共同富裕理论创新，形成理论探索和实践探索互促并进格局。

推动共同富裕是一项前无古人的开创性事业。中国式现代化是对西方传统现代化模式的扬弃超越，在党的全面领导下，坚持中国特色社会主义，以全面统筹协调可持续发展方式，走独立自主和平发展道路实现现代化和中华民族伟大复兴，这是一场人类文明发展新形态的革命性变革。我们要结合国际国内形势和时代发展实践及各地实际，深入学习领悟和全面贯彻落实，创造性地推动党的中国特色社会主义共同富裕理论在新时代的发展实践中落地生根、开花结果。

第二章

浙江高质量发展建设共同富裕示范区的探索实践

党的十八大以来，以习近平同志为核心的党中央深刻把握我国经济社会发展阶段的新变化，把逐步实现全体人民共同富裕摆在更加重要的位置。《中共中央　国务院关于支持浙江高质量发展建设共同富裕示范区的意见》的出台标志着浙江示范区建设起步开局。在党中央、国务院的坚强领导下，浙江根据该意见的战略要求，聚焦国家所需、浙江所能、群众所盼、未来所向，持续推动“八八战略”走深走实，坚持创新深化改革攻坚开放提升基本路径，以三个“一号工程”为总牵引，深入实施“十项重大工程”，探索构建有利于推进共同富裕的基础性制度和机制，示范区建设从夯基垒土、扎实开局到重点突破、整体起势，经济高质量发展持续向好，“三大差距”持续缩小，公共服务优质共享持续加强，共同富裕理念机制持续深化，可感可及、可学可推的典型经验持续涌现，阶段性成果显著，在共同富裕新征程上迈出坚实步伐。

第一节　浙江推进共同富裕的实践基础

改革开放以来，浙江敢为人先、砥砺前行，走出了一条特色鲜明的跨越式发展路子，实现了从一穷二白到经济大省、从绝对贫困到全面小康、从百废待兴到创业创新的“三大历史性转变”。1978 年，浙江农业人口 3322 万人，人均年纯收入 100 元以下的农村贫困人口 1200 万人，农村贫困发生率 36.1%，比全国平均水平（30.7%）高出 5.4 个百分点。经过多年努力，浙江一跃成为全国第一个消灭贫困县的省份、全国第一个消灭贫困乡镇的省份、全国第一个完成脱贫攻坚任务的省份。1997 年，浙江 8 个国家级贫困县完成脱贫目标，成为全国第一个没有贫困县的省份。2002 年，浙江 101 个贫困乡镇成功脱贫，成为全国第一个没有贫困乡镇的省份。2015 年，浙江全面消除家庭人均年收入 4600 元以下的贫困现象，比国家标准的 2300 元高出整整一倍。经过“三大历史性转变”，在浙江高水平全面建成小康社会即将胜利实现之际，中央启动谋划支持浙江高质量发展建设共同富裕示范区，赋予浙江改革探路、先行先试的重大战略使命。总体而言，浙江省富裕程度较高、均衡性较好，在探索解决发展不平衡不充分问题方面取得了明显成效，具备开展共同富裕示范区建设的基础和优势。

一是经济实力强。浙江坚持以“八八战略”为统领，一张蓝图绘到底，实现了从经济大省到经济强省的跃迁，2020 年浙江生产总值为 6.46 万亿元，人均生产总值超过 10 万元。居民人均可支配收入 5.24 万元，仅次于上海和北京，是全国平均水平的 1.63 倍。城、乡居民收入分别连续 20 年和 36 年居全国各省区第 1 位。财政总收入和一般公共预算收入分别为 1.24 万亿元和 7248 亿元，对全国财政的净贡献处于前列。

二是体制机制活。浙江以数字化改革为牵引，全面打造掌上办公、掌上办事、掌上治理之省，为各类市场主体创造良好的发展环境，浙江民营企业 500 强数量已经连续 22 年居全国首位，浙江在全国工商联“万家民营企业评营商环境”调查中得分连续两年（2019 年、2020 年）居各省（自治区、直辖市）第一位。

三是均衡程度高。浙江 11 个设区市发展比较均衡，是全国唯一一个所有设区市人均收入都超过全国平均水平的省份。2020 年，浙江城乡居民收入倍差为 1.96，是全国城乡差距最小的省份之一；人均 GDP、居民收入最高地区与最低地区倍差分别为 1.21、1.67，远好于全国平均水平；年家庭年可支配收入 10 万元至 50 万元群体比例超过 67.4%。

四是公共服务优。浙江不断健全为民办实事长效机制，加强以民生为重点的社会建设，公共服务社会保障不断完善，率先基本实现城乡同质饮水，实现陆域县县通高速，实现医共体、医联体建设拓展至县（市、区），现代化基础设施加快城乡全覆盖；医疗保险、基本养老保险覆盖城乡，最低生活保障城乡同标，浙江省是全国首批所有县（市、区）都通过国家义务教育发展基本均衡县（市、区）评估认定的省份。

五是生态环境美。浙江坚持不懈践行“绿水青山就是金山银山”理念，大力推进美丽浙江建设，构建了常态化城市生态系统生产总值（GEP）核算应用体系，科学制定并启动实施了碳达峰、碳中和计划，加快建设天蓝水澈、海清岛秀、土净田洁、绿色循环、环境友好和诗情宜居的诗画浙江。2018 年“千村示范、万村整治”

工程荣获联合国地球卫士奖，2019 年浙江通过生态环境部组织的国家生态省建设试点验收，建成全国首个生态省，绿色发展指数居全国第 3 位。

浙江在以上五方面的优势基础下，同时也具备开展示范区建设的代表性。从规模看，浙江面积、人口具有一定规模。从地理区划看，浙江有“七山一水二分田”，行政区划上有 2 个副省级城市、9 个地级市和 53 个县（市），代表性较强。从城乡看，浙江既有城市也有农村，农村户籍人口占了一半。

第二节　浙江建设共同富裕示范区的重点任务

《中共中央　国务院关于支持浙江高质量发展建设共同富裕示范区的意见》聚焦共同富裕示范区建设亟须突破和创新的重要方向和关键领域，按照“一二四五六”的总体框架制定出台，明确了浙江共同富裕示范区的重点任务。

一是“一个核心任务”，即探路和示范。从理论上看，有利于通过实践不断丰富共同富裕的思想内涵；从实践上看，有利于探索破解新时代社会主要矛盾的有效途径；从全国层面看，有利于为全国推进共同富裕提供省域范例；从世界层面看，有利于打造新时代全面展示中国特色社会主义制度优越性的重要窗口。

二是“两阶段发展目标”，即到 2025 年，浙江省推动高质量发展建设共同富裕示范区取得明显实质性进展。人均地区生产总值达到中等发达经济体水平，基本公共服务实现均等化；城乡区域发展差距、城乡居民收入和生活水平差距持续缩小，低收入群体增收能力和社会福利水平明显提升，以中等收入群体为主体的橄榄型社会结构基本形成；推进共同富裕的体制机制和政策框架基本建立。到 2035 年，高质量发展取得更大成就，基本实现共同富裕。人均地区生产总值和城乡居民收入争取达到发达经济体水平；物质文明、政治文明、精神文明、社会文明、生态文明全面提升；共同富裕的制度体系更加完善。

三是“四大战略定位”，分别是高质量发展高品质生活先行区：率先探索实现高质量发展的有效路径；城乡区域协调发展引领区：率先探索实现城乡区域协调发展的路径；收入分配制度改革试验区：率先在优化收入分配格局上取得积极进展；文明和谐美丽家园展示区：打造人民精神生活丰富、社会文明进步、人与自然和谐共生的幸福美好家园。

四是“五大工作原则”，即坚持党的全面领导，党的领导是浙江最大政治优势和制度优势；坚持以人民为中心，要瞄准人民群众所忧所急所盼，在更高水平上实现幼有所育、学有所教、劳有所得、病有所医、老有所养、住有所居、弱有所扶；坚持共建共享：弘扬勤劳创新致富精神，激励全体人民焕发劳动热情、释放创造潜能，在这一过程中，既注重体现效率，又注重促进公平；坚持改革创新：推动有利于共同富裕的体制机制不断取得新突破，并率先在推进共同富裕方面实现理论创新、实践创新、制度创新、文化创新；坚持系统观念：不吊高胃口、不搞“过头事”，使示范区建设与经济发展阶段相适应、与现代化建设进程相协调，不断形成推进共同富裕的阶段性标志性成果。

五是“六方面主要任务”，即提高发展质量效益，夯实共同富裕的物质基础；深化收入分配制度改革，多渠道增加城乡居民收入；缩小城乡区域发展差距，实现公共服务优质共享；打造新时代文化高地，丰富人民精神文化生活；践行绿水青山就是金山银山理念，打造美丽宜居的生活环境；坚持和发展新时代“枫桥经验”，构建舒心安心放心的社会环境。

总的来说，《中共中央　国务院关于支持浙江高质量发展建设共同富裕示范区的意见》具有三个非常鲜明的特点：一是坚持目标导向。全方位聚焦以人为核心的共同富裕，重点从人的物质生活、精神生活、生态环境、社会环境和公共服务等方面提出具体要求，按照经济社会发展规律循序渐进，脚踏实地，久久为功，率先走出具有普遍意义的共同富裕新路子。二是坚持问题导向。我国正在紧紧抓住解决不平衡不充分的发展问题，但短板弱项仍然明显。尤其是要瞄准制约实现共同富裕的突出短板和弱项，有针对性地提出缩小城乡区域发展和不同群体间收入分配差距等重点政策举措，切实解决共同富裕的重点难点堵点问题。三是坚持体制机制创新。高质量发展建设共同富裕示范区要打造“改革高地”，而不是“政策洼地”，中央支持浙江在构建共同富裕的体制机制和政策体系上加大力度探索创新，努力为全国推进共同富裕先行探路。

第三节　浙江建设共同富裕示范区的总体布局

促进全体人民共同富裕是一项前无古人的伟大事业，浙江始终坚持边推进、边迭代、边完善的工作路径，构建了示范区建设的目标体系、工作体系、政策体系和评价体系，形成了示范区建设的总体布局。

一、目标体系

（一）聚焦“两个时间节点”，构建一套指标目标

紧紧围绕《中共中央　国务院关于支持浙江高质量发展建设共同富裕示范区的意见》提出的“到2025年，浙江省推动高质量发展建设共同富裕示范区取得明显实质性进展”和“到2035年，浙江省高质量发展取得更大成就，基本实现共同富裕”两个时间节点，构建了共同富裕示范区建设指标目标体系，包括全员劳动生产率等50项定量指标和恩格尔系数等10项定性指标在内的目标指标，为客观评价共同富裕推进情况提供了一套有益成熟的统计监测标准。

（二）聚焦“四大战略定位”，打造一批标志性成果

紧紧围绕《中共中央　国务院关于支持浙江高质量发展建设共同富裕示范区的意见》提出的“高质量发展高品质生活先行区、城乡区域协调发展引领区、收入分配制度改革试验区、文明和谐美丽家园展示区”四个定位，选择一批浙江有基础、有特色、有优势的项目，推动打造成为全国有影响力、有辨识度和有认可度的标志性成果。如，聚焦高质量发展高品质生活先行区，重点打造国资国企高质量发展、民营经济“两个健康”“浙有善育”“浙里康养”“浙里优学”等标志性成果。

（三）聚焦“六个方面任务”，着力实现“七个先行示范”

紧紧围绕《中共中央　国务院关于支持浙江高质量发展建设共

同富裕示范区的意见》提出的“提高发展质量效益、深化收入分配制度改革、缩小城乡区域发展差距、打造新时代文化高地、践行绿水青山就是金山银山理念、坚持和发展新时代‘枫桥经验’”六方面任务，细化提出在“推进经济高质量发展先行示范、推进收入分配制度改革先行示范、推进公共服务优质共享先行示范、推进城乡区域协调发展先行示范、推进社会主义先进文化发展先行示范、推进生态文明建设先行示范、推进社会治理先行示范”七个领域先行示范，每个领域都明确了一批重点工作和重大改革。

二、工作体系

（一）强化组织保障

把党的领导贯穿共同富裕示范区建设的全过程、各领域、各环节，创新性构建了“领导小组＋实体机构”的组织体系。成立由省委主要领导任组长的高质量发展建设共同富裕示范区领导小组，同时设立省委派出机构实体推进示范区建设，由省委副书记牵头负责，与省发展改革委合署办公，并实现省、市、县三级贯通，全面加强对共同富裕领域重大规划、重大政策、重大改革、重大事项的顶层设计和统筹协调。

（二）强化会议推进

根据示范区建设工作安排，建立以“工作推进＋主题研讨＋试点探索＋最佳实践”等为主要内容的体系化会议推进机制。其中，“工作推进”是指由省委主要领导或分管领导常态化召开共同富裕示范区建设推进例会。“主题研讨”是指每季度召开一次中国特色社会主义共同富裕先行系列研讨活动，邀请各地各部门政府机构以及专家、基层代表参加。“试点探索”是指针对试点召开现场会、座谈会、推进会、调研会等，加大力度支持地方探索实践。“最佳实践”是指不定期召开创新做法、阶段成果的交流会、分享会，推动形成一批可复制可推广的经验做法。

（三）强化清单管理

根据共同富裕示范区建设年度工作要点和工作推进例会部署要求，梳理形成标志性成果清单、重点工作清单、重大改革清单、指标目标清单、堵点难点问题清单，建立定期晾晒、动态调整、闭环销号等工作机制。如 2023 年明确了年度重点推进的 18 个标志性成果、60 项重点工作、54 项重大改革和 28 个堵点难点问题，明确推进目标、工作计划、责任主体，常态化抓好推进落实。

（四）强化改革探索

围绕共同富裕示范区建设重点任务，按照“小切口、大牵引”“可复制、可推广”“重改革、有创新”的工作要求，鼓励并推动地方先行先试，加强改革创新，主动探索实践，加快形成一批可复制、可推广的创新模式和改革经验，为浙江及全国推进共同富裕探路。目前已形成三批共 93 个试点，首批试点聚焦缩小地区差距、缩小城乡差距、缩小收入差距、推动公共服务优质共享、打造精神文明高地、建设共同富裕现代化基本单元 6 个重点领域确定 28 个试点。第二批试点聚焦机制创新、改革探索、成果展示 3 种类型确定 29 个试点。第三批试点采用“揭榜挂帅”模式确定 36 个试点。

（五）强化共建共享

坚持凝聚全社会强大合力，不断完善共建共治共享机制，充分发挥人大、政协以及各民主党派、工商联、无党派人士的积极作用，强化工会、共青团、妇联、科协、侨联等人民团体引领服务联系群众功能。组建省委高质量发展建设共同富裕示范区咨询委员会，推动成立省社会建设研究智库联盟，开展共同富裕重大课题研究。引导各类企业参与共建，把自身高质量发展融入推进全体人民共同富裕进程之中。

三、政策体系

（一）细化中央意见，出台贯彻落实总体方案

为全面落实《中共中央　国务院关于支持浙江高质量发展建设共同富裕示范区的意见》，出台《浙江高质量发展建设共同富裕示范区实施方案（2021—2025年）》，明确了“十四五”时期共同富裕示范区“四率先三美”工作目标和“七个先行示范”实施路径。出台《忠实践行“八八战略”奋力打造“重要窗口”扎实推动高质量发展建设共同富裕示范区的决议》，凝聚浙江推进共同富裕示范区建设的强大合力。

（二）聚焦重点任务，谋划实施专项配套政策

浙江聚焦落实《中共中央　国务院关于支持浙江高质量发展建设共同富裕示范区的意见》和《浙江高质量发展建设共同富裕示范

区实施方案（2021—2025年）》各项任务，结合自身职责，突出问题导向、效果导向，积极出台专项领域配套政策。目前，省发展改革委、省财政厅等45家示范区领导小组成员单位先后出台《浙江省“扩中”“提低”行动方案》《浙江省山区26县跨越式高质量发展实施方案（2021—2025年）》《关于加强新时代老龄工作打造“浙里康养”金名片的实施意见》《百万家庭奔富三年行动计划（2023—2025年）》《关于优化生育政策促进人口长期均衡发展的实施意见》等200余个专项政策，推进示范区建设的配套政策体系不断健全完善。

（三）积极向上争取，落地一批国家支持政策

国家发展改革委、教育部、民政部、农业农村部等一批国家部委，国家电网有限公司、中国移动、中国储备粮管理集团等一批央企，国家开发银行、中国农业发展银行、交通银行等一批金融机构，以专项政策、合作协议、备忘录等形式授权支持浙江在各领域加大改革探索力度。目前，国家层面已出台64个专项政策（合作协议）。

四、评价体系

（一）工作督查有力度

将高质量发展建设共同富裕示范区相关关键指标纳入综合考核指标体系，同时将各地各单位推进高质量发展建设共同富裕示范区的情况单列指标进行考核，考准考实考严领导班子和领导干部的实

绩表现，有效发挥考核指挥棒作用，进一步树立导向、推动工作。坚持督查与服务并重，以督促改，推动解决重大问题、多跨协同难题，每年组织开展共同富裕示范区建设年度工作督查，通过督查推动工作落实、发现典型经验做法和问题、提炼总结一批机制模式和创新成果。持续做好督办和整改落实工作，抓好督查发现问题和评估评价意见的整改落实，做好示范区建设重点工作的交办督办，实行清单管理、滚动推进、闭环销号。

（二）评估监测有衔接

常态化开展共同富裕示范区建设年度评估，通过第三方评价方式对示范区建设总体情况开展客观评估。每年开展群众获得感、幸福感、安全感和认同感“四感”监测评价，客观评价群众对共同富裕示范区建设的满意度情况。通过评估监测创新深化，持续总结成效和经验，查找问题和不足，提出调整优化建议，更好地贯彻落实《中共中央　国务院关于支持浙江高质量发展建设共同富裕示范区的意见》《浙江高质量发展建设共同富裕示范区实施方案（2021—2025年）》以及党中央、省委最新部署要求。

（三）争先创优有活力

每年度开展共同富裕绩效考评和工作督查，对工作成效明显的市县给予省政府督查激励。为进一步彰显并持续激发各地各部门活力，国家共同富裕工作专班通过简报宣传推介浙江经验做法累计达45期，浙江省共富办编发《浙里共富》累计达108期，刊发各地各部门典型做法。开展两批共同富裕最佳实践评选，共产生131个最佳实践案例，各地各部门奋斗争先的活力进一步激发。

第四节　浙江建设共同富裕示范区的阶段性成效

浙江紧扣《中共中央　国务院关于支持浙江高质量发展建设共同富裕示范区的意见》战略要求和《浙江高质量发展建设共同富裕示范区实施方案（2021—2025 年）》工作部署，坚决扛起探路者责任，边学边干、边干边学，立柱架梁、夯基垒台，推动示范区建设取得了阶段性成效。

一、经济高质量发展基础更加夯实

深入实施数字经济创新提质"一号发展工程"、营商环境优化提升"一号改革工程"，以及"地瓜经济"提能升级"一号开放工程"，全面加强"三支队伍"（"高素质干部队伍、高水平创新型人才和企业家队伍、高素养劳动者队伍"）建设，大力实施"十项重大工程"（扩大有效投资"千项万亿"工程、"415X"先进制造业集群培育工程、"315"科技创新体系建设工程、服务业高质量发展"百千万"工程、世界一流强港和交通强省建设工程、县城承载能力提升和深化"千村示范、万村整治"工程、跨乡镇土地综合整治工程、文旅深度融合工程、绿色低碳发展和能源保供稳价工程、公共服务"七优享"工程），扎实推进"8+4"经济政策体系落地，经济发展态势整体向好。2023 年，浙江实现地区生产总值 82553 亿元，占国内生产总值份额增至 6.55%，较 2020 年提高 0.17 个百分点。持续打造营商环境最优省，"中国民营企业 500 强"企业数量保持全国第一。营商环境持续优化提升，连续四年在全国工商联

“万家民营企业评营商环境”中位居全国第一。

二、收入分配制度改革举措更加有力

坚持鼓励勤劳创业致富，深入实施“扩中”“提低”改革，开展百万家庭奔富行动，持续优化再分配和三次分配机制，不断提高城乡居民收入水平，持续缩小收入差距，加快推动形成橄榄型社会结构。居民收入水平长期位居全国前列，城镇和农村居民人均可支配收入连续多年稳居各省区第一，是全国首个所有设区市居民收入都超过全国平均水平的省份。2023 年，家庭可支配收入（按三口之家计算） 10 万—50 万元、20 万—60 万元群体比例分别达到 75.8%和 36.5%，低收入农户人均可支配收入达到 21440 元，三年平均增长 14.26%。

三、公共服务优质共享水平更加均衡

聚焦人民群众急难愁盼问题，深入实施公共服务“七优享”工程，将财政支出的 2/3 以上用于民生，不断健全为民办实事长效机制，加快打造“15 分钟公共服务圈”，推进基本公共服务更加普惠均等可及，保障标准和服务水平稳步提高。2023 年，持续推进教育助学、医疗卫生、养老帮困、婴幼儿托育等十方面民生实事，整体完成率达到 134.04%，群众评价满意度达到 99.54%；“浙里办”实名注册用户数突破 1 亿，日均活跃用户数 300 万，浙江依申请政务服务事项“一网通办”率达 85%，群众、企业获得感、满意度持续提升。

四、城乡区域协调发展机制更加健全

坚持城乡融合、陆海统筹、山海互济，唱响杭甬“双城记”，迭代完善“山海协作”工程，持续深化“千万工程”和强村富民集成改革，扎实推进山区海岛县高质量发展，坚持和深化新时代“千万工程”，持续提升县城承载能力，城乡区域差距持续缩小。2021—2023 年，浙江累计新增常住人口 158 万人，常住人口城镇化率稳居全国各省份第三位，城乡居民收入倍差从 1.96 降至 1.86，地区人均可支配收入最高最低倍差从 1.64 下降至 1.56。

五、社会主义先进文化发展更加繁荣

深入学习贯彻习近平文化思想，出台《关于加快推进新时代文化浙江工程的意见》，弘扬践行伟大建党精神、红船精神和浙江精神，持续深化“浙江有礼”省域文明新实践，深入推进 15 分钟品质文化生活圈建设，推进志愿服务精准触达机制等制度改革实践，推动优秀传统文化创造性转化创新性发展，加快推进文化产业化，群众精神富有水平持续提升，“诗画江南、活力浙江”品牌持续彰显。加强共同富裕理论内涵和核心要义的研究、阐释和宣传，全社会共建共治共享、“创新致富、勤劳致富、先富帮后富”等理念深入人心，人民群众对共同富裕的理解越来越深刻，全社会扎实推进共同富裕的氛围更为浓厚。2023 年浙江每万人拥有公共文化设施面积达到 4259.41 平方米，较 2020 年增加 16.1%，完成目标进度的 86.7%；人均体育场地面积达到 3 平方米、每万人活跃志愿者率升至 15.98%，均提前完成 2025 年目标；全民阅读指数等 5 项指标进展顺利。

六、生态文明建设更加深入

坚持把浙江全省域作为一个“大花园”来打造，持续升级全域美丽大花园建设，实施“811”生态文明先行示范行动，拓宽生态价值转化通道，健全国土空间管控体系，协同推进减污降碳，建成全国首个生态省，国家生态文明示范创建数量全国第一，现代版富春山居图加快绘就。2023 年，地表水省控断面达到或优于Ⅲ类水体比例达到 97%，提前完成 2025 年目标（＞ 95%）；生活垃圾分类处理率达到 84.59%，较 2020 年提升 9.59 个百分点，完成目标进度的 95.9%。

七、社会治理体系更加完善

坚持以数字化改革提升治理效能，健全“四治融合”基层治理体系，全面提升法治浙江、平安浙江建设水平，群众安全感满意率持续走在全国前列。举办平安浙江建设 20 周年系列活动，平安中国建设考核保持全国前三。2023 年亿元 GDP 生产安全事故死亡率降至 0.0077，三年平均降幅达 27.61%，提前完成 2025 年目标（＜ 0.009）；律师万人比升至 6.3；全面从严治党成效度达到 97.6%，均提前完成 2025 年目标。

第五节　浙江推进共同富裕实践的基本启示

近年来的实践探索，不断深化了浙江对共同富裕示范区建设的政治逻辑、理论逻辑、历史逻辑、实践逻辑和价值逻辑的认识，形成了一些基本启示。

一、必须“坚持党的全面领导”，充分发挥党总揽全局、协调各方的领导核心作用

浙江是中国革命红船起航地、改革开放先行地和习近平新时代中国特色社会主义思想重要萌发地，“红色”是浙江各方面工作最鲜明的政治本色。高质量发展建设共同富裕示范区，是浙江在党的坚强领导下取得高水平全面建成小康社会伟大胜利后，迎来的又一重大使命。要引领好共同富裕这场深层次的社会变革，展示好中国式现代化和人类文明新形态的光明前景，充分发挥党总揽全局、协调各方的领导核心作用，把党的政治优势和制度优势转化为推进共同富裕示范区建设、广泛凝聚各方共识的强大动力和坚强保障，提出了新要求、新命题、新挑战。实践表明，坚持党对共同富裕示范区建设的全面领导是浙江过去取得进步的政治密码，也是浙江当下干在实处的强大动力，更是浙江未来继续示范先行、走在前列的坚强保障。只有紧紧依靠党的坚强领导，充分发挥党总揽全局、协调各方的领导核心作用，才能统筹协调各方资源，形成广泛强大合力，推进共同富裕示范区建设不断取得新的胜利。这启示我们，扎实推进共同富裕，必须切实做到“总书记有号令、党中央有部

署，浙江见行动”，把坚定拥护“两个确立”、坚决做到“两个维护”作为最根本的政治标尺，不折不扣贯彻落实好习近平总书记重要指示批示精神和党中央决策部署；必须自觉运用习近平新时代中国特色社会主义思想这一党的创新理论，善于从政治上观察和处理问题，在重大原则和关键环节上做到头脑清醒、态度鲜明、行动迅速；必须在党中央坚强领导下，省委负总责、市县抓落实，持续完善党总揽全局、协调各方的领导体制、工作机制和工作制度，把党的领导贯穿推进共同富裕全过程各领域各环节。

二、必须“把高质量发展作为首要任务”，夯实共同富裕的物质基础

共同富裕要义是共同，前提是富裕，就是强调要以高质量发展为基石。习近平总书记指出：“发展是党执政兴国的第一要务，是解决中国所有问题的关键。”[①]他还强调，要在高质量发展中促进共同富裕。[②]浙江全面贯彻落实新发展理念、构建新发展格局，以创新发展解决动力问题，以协调发展破解发展不平衡问题，以绿色发展解决可持续问题，以开放发展解决“双循环”问题，持续推动经济社会发展质量变革、效率变革、动力变革，高质量发展水平稳步走在全国前列。实践表明，发展才是解决我国一切问题的基础和关键，发展的质量决定共同富裕的成色。只有牢牢把握高质量发展这一首要任务，坚定不移地吃改革饭、打创新牌、走开放路，才能不

① 《习近平谈治国理政》第二卷，外文出版社 2017 年版，第 38 页。

② 《习近平谈治国理政》第四卷，外文出版社 2022 年版，第 144 页。

断塑造示范区建设的新动能新优势，持续激发经济发展活力竞争力，实现做大做强“蛋糕”和切好分好“蛋糕”的有机统一。这启示我们，浙江要在共同富裕和省域中国式现代化中先行，打造新时代全面展示中国特色社会主义制度优越性的重要窗口，必须贯彻新发展理念、构建新发展格局、推动高质量发展。创新是第一动力、改革是关键一招、开放是必由之路，“三个一号工程”是强力推进创新深化改革攻坚开放提升的具体抓手，数字经济是推动高质量发展最具成长性、爆发力、牵引力的种子，营商环境是推动高质量发展的土壤，“地瓜经济”是推动高质量发展的载体和形态，是由根植于浙江的“块茎”和向国内外四处延伸生长的“藤蔓”组成的开放型经济体系。

三、必须“坚持以人民为中心”，从人民的需求出发推动工作

坚持以人民为中心是唯物史观的本质要求，在实现中国特色社会主义伟大理想的奋斗过程中，无论取得多么大的成就，必须始终谨记全心全意为人民服务这个宗旨。全面建成小康社会之后，人民对美好生活的向往已经从“有没有”转向“好不好”。站在这一新的历史方位，习近平总书记旗帜鲜明地提出：“我们正在向第二个百年奋斗目标迈进。适应我国社会主要矛盾的变化，更好满足人民日益增长的美好生活需要，必须把促进全体人民共同富裕作为为人民谋幸福的着力点，不断夯实党长期执政基础。”[①]实践表明，坚持

① 《习近平谈治国理政》第四卷，外文出版社 2022 年版，第 141 页。

以人民为中心的价值取向，始终同人民群众站在一起、想在一起、干在一起，是浙江高质量发展建设共同富裕示范区的应有之义、必由之路、力量之源。只有坚持发展为了人民、发展依靠人民、发展成果由人民共享，加快推进共同富裕才有了广泛而坚实的群众基础，也才能迸发出强大而持久的前进动力。这启示我们，扎实推进共同富裕，要始终坚持以人民为中心的发展思想，以促进全体人民全面发展和社会全面进步为根本导向，坚持在发展中缩小“三大差距”，持续改善民生，更加注重向农村、基层、欠发达地区倾斜，向困难群众倾斜，促进社会公平正义；更加深入了解民情、体察民意，始终聚焦群众最关心、最期盼、最有获得感的领域，用心用情用力解决群众急难愁盼；更加重视集中民智、问计于民，努力把蕴藏在广大浙江人民身上的无穷创造力和坚定发展信心调动起来，让人民群众获得感、幸福感、安全感更加充实、更有保障、更可持续。

四、必须“坚持共建共享”，充分调动各方面各阶层共同奋斗促进共同富裕的积极性

共同富裕，意味着全体劳动人民共享改革发展成果，但是共同富裕绝非敲锣打鼓、轻轻松松就能实现的。新时代新征程新起点，浙江担负建设共同富裕示范区这一党中央的千钧重托，在实现共同富裕上探路先行，必然面临着方方面面、早发先发的艰难险阻，这绝不是仅凭一部分人、一部分地区努力就可以克服的，必须要靠全体人民共同建设、共同奋斗、共同创造。正如习近平总书记强调

的，幸福生活都是奋斗出来的，共同富裕要靠勤劳智慧来创造。①实践表明，坚持共建共享是推进共同富裕的有效路径，共建是实现共同富裕的前提条件，共享是实现共同富裕的必然要求。只有坚持共建共享，把实现共同富裕宏伟目标与每一个人的辛勤劳动和聪明才智联系起来，才能激励全体人民进一步焕发劳动热情、释放创造潜能，为实现共同富裕提供源源不断的强大动力。这启示我们，扎实推进共同富裕，在共建共享中迈向共富，关键在于加快健全“人人参与、人人尽力、人人享有”的体制机制，广泛凝聚劳动光荣、创造伟大、共享幸福的社会共识。要坚持“鼓励勤劳创新致富”这一鲜明导向，不搞福利主义，不养懒汉，同时畅通向上流动通道，防止社会阶层固化，让奋斗者、拼搏者、进取者享有更加公平的发展条件和致富机会。要坚持基本经济制度，坚持“两个毫不动摇”，允许一部分人先富起来，重点鼓励辛勤劳动、合法经营、敢于创业的致富带头人，以先富带后富、帮后富。要坚持完善初次分配制度，发挥好再分配和第三次分配调节作用，把按劳分配和按生产要素分配结合起来，在做大“蛋糕”的同时分好“蛋糕”，让发展成果更多更公平惠及全体人民。

五、必须“坚持系统观念”，在量力而行的基础上尽力而为

系统观念是新时代推动各领域工作和社会主义现代化建设的基础性思想和工作方法。共同富裕作为新时代社会主义现代化建设的

① 《习近平谈治国理政》第四卷，外文出版社 2022 年版，第 142 页。

战略工程，必须贯彻和坚持整体性、协调性、规律性的系统观念。习近平总书记强调，共同富裕是一个长远目标，办好这件事，等不得，也急不得。[①]可见，浙江高质量发展建设共同富裕示范区是一项长期艰巨的任务，是一个逐步推进的过程，既要遵循规律、积极有为，又不能脱离实际，要脚踏实地、久久为功。实践表明，坚持系统观念，是新时代有效推进浙江共同富裕示范区建设的重要方法论。只有系统地把握好当前与长远、局部与全局、特殊与一般、微观与宏观等辩证统一关系，才能在共同富裕实践发展中找准自身定位，展现更大作为。这启示我们，扎实推进共同富裕，必须深入学习领会习近平新时代中国特色社会主义思想中关于系统观念的思想精髓，将系统观念贯穿于共同富裕实践的全过程。始终做到以发展变化的观点看问题，加强对共同富裕道路上机遇挑战的前瞻性思考，解决好发展难题、克服好危机挑战，在各个领域牢牢掌握工作主动权；以全面系统的观点看问题，加强对共同富裕工作的整体性谋划，以全局利益和长远利益为着眼点进行决策、推进具体工作；以普遍联系的观点看问题，加强对各项工作的协同性推进，强化数字化改革引领和重塑作用，推动新时期共同富裕工作不断取得新成就。

---

① 《习近平谈治国理政》第四卷，外文出版社 2022 年版，第 143 页。

第三章

杭州全力打造中国式现代化和共同富裕城市范例

浙江是推动高质量发展和共同富裕先行示范区，全省上下都在奋力推进中国特色社会主义共同富裕先行和省域现代化先行，力争把浙江建设成为全面展示中国特色社会主义制度优越性的“重要窗口”，为全国高质量发展、扎实推进共同富裕和全面推进中国式现代化建设提供示范样本。杭州作为浙江经济社会最为发达的省会城市，承担着新时代推进共同富裕和区域现代化先行的时代重任。

第一节　杭州打造共同富裕城市范例的良好基础

杭州积极打造中国式现代化的城市范例和推进共同富裕的城市范例，既体现了中央和省委的要求，也符合杭州人民的利益和愿望，是杭州发展进入新时代的必然趋势。

习近平总书记指出：“要深入研究不同阶段的目标，分阶段促进共同富裕：到‘十四五’末，全体人民共同富裕迈出坚实步伐，居民收入和实际消费水平差距逐步缩小。到2035年，全体人民共同富裕取得更为明显的实质性进展，基本公共服务实现均等化。到本世纪中叶，全体人民共同富裕基本实现，居民收入和实际消费水平差距缩小到合理区间。”①党的二十大对全面建成社会主义现代化强国作出了分两步走的总的战略安排：“从二〇二〇年到二〇三五年基本实现社会主义现代化；从二〇三五年到本世纪中叶把我国建成富强民主文明和谐美丽的社会主义现代化强国。”到2035年时，“人民生活更加幸福美好，居民人均可支配收入再上新台阶，中等收入群体比重明显提高，基本公共服务实现均等化，农村基本具备现代生活条件，社会保持长期稳定，人的全面发展、全体人民共同富裕取得更为明显的实质性进展”。②党中央对我国未来一个时期的人民生活目标和现代化强国建设的战略目标和战略部署都作了明确安排，提出了新的任务和要求。

根据党中央的战略部署和浙江发展实际，浙江省第十五次党代会明确提出要在高质量发展中奋力推进中国特色社会主义共同富裕先行和省域现代化先行（“两个先行”）。杭州是浙江省会城市，各项工作都应走在全省前列，在浙江省“两个先行”中尤其要走在前列。杭州市委十三届二次全会强调，学习贯彻中央精神和落实省委要求，最重要的是要扛起省会担当、展现头雁风采，奋力推进“两个先行”在杭州的生动实践，并结合杭州实际提出了“四个必须”：必须成为“两个先行”的集中展示之窗；必须在“两个先行”中发挥龙头领跑示范带动作用；必须将“两个先行”的成果更多更公平

① 《习近平谈治国理政》第四卷，外文出版社2022年版，第142页。

② 习近平：《高举中国特色社会主义伟大旗帜　为全面建设社会主义现代化国家而团结奋斗——在中国共产党第二十次全国代表大会上的报告》，人民出版社2022年版，第24页。

惠及全市人民；必须以推进“两个先行”的成效检验党员干部的担当作为。①

那么，杭州在推动区域现代化和共同富裕先行探路方面具备哪些条件和优势呢？

一、城市综合实力优势

自2003年以来，杭州市认真贯彻落实“八八战略”，加快经济结构调整和增长方式转变，特别是持续推动先进制造业基础和高科技产业发展，全市总体经济实力在高质量发展基础上持续提升，城市综合实力大幅跃升，人均地区生产总值达到发达经济体水平。2022年，杭州生产总值18753亿元，位居全国大中城市第9位。全市人均GDP从2012年的8.58万元提升至2021年的14.99万元，分别是全国、全省的1.85倍和1.33倍。按年平均汇率折算，2021年杭州人均GDP为2.3万美元。②外贸出口5141亿元，占全国比重2.15%。根据杭州市有关发展规划，2027年全市生产总值将达到2.5万亿元左右，人均生产总值将达到19万元左右。综合经济实力还表现在产业结构优化方面。2022年，三次产业增加值结构比为1.8∶30.0∶68.2，特别是以新产业、新业态、新模式为主要特征的“三新”经济成为杭州高质量发展的强劲动能，2022年“三

---

① 《杭州市委十三届二次全会举行　奋力推进“两个先行”在杭州的生动实践》，见 https://baijiahao.baidu.com/s?id=1739504717490372788&wfr=spider&for=pc。

② 杭州市统计局：《奋进新时代　建设新天堂——数说杭州这十年》，见 http://www.hangzhou.gov.cn/art/2022/9/20/art_1229063407_4088397.html。

新”经济增加值占地区生产总值的比重达到39.0%。[①] 杭州发展的协调性均衡性不断提高，城乡基础设施、产业布局、居民收入和公共服务等统筹推进，2022年城乡居民收入倍差降为1.71，城乡一体化发展新格局正加快形成。总体上看，杭州的综合经济实力跃升全国省会城市领先行列。

二、人民生活品质优势

杭州市在推进经济社会高质量发展的同时，积极提高人民生活品质，切实增进民生福祉。2022年，杭州城乡居民人均可支配收入分别为77043元和45183元[②]，分别是全省平均水平的1.08倍和1.20倍。提供优质均衡的公共服务，是提升人民群众获得感、幸福感、安全感的重要抓手。杭州市专门出台《坚持共建共治共享全面推进民生福祉行动实施方案（2018—2022年）》，在加强基础设施建设、确保零就业家庭“动态清零”、建设“美好教育”、实施全民参保计划、推进医疗卫生服务优化工程、打造全国健康城市建设样板市、推进示范性居家养老服务中心建设、健全多元化住房保障体系、全面落实民生实事项目人大代表票决制、积极有序调整最低工资标准、加大社会救助等领域持续加力，建立健全了以幼有所育、学有所教、劳有所得、病有所医、老有所养、住有所居、弱有所扶、军有所抚、文有所化、体有所健和事有所便为主要内容的基

① 杭州市统计局：《2022年杭州市国民经济和社会发展统计公报》，见 https://tjj.hangzhou.gov.cn/art/2023/3/20/art_1229279682_4149703.html。

② 杭州市统计局：《2022年杭州市国民经济和社会发展统计公报》，见 https://tjj.hangzhou.gov.cn/art/2023/3/20/art_1229279682_4149703.html。

本公共服务体系，取得了明显成效，使发展成果更多更公平地惠及全市人民。2022 年，杭州成为全国唯一连续 16 年荣获“中国最具幸福感城市”称号的城市。

三、国际影响力优势

杭州是国际著名风景旅游城市，长期以来又坚持不懈推进开放兴市战略，发挥区域优势，积极主动融入以上海为龙头的长三角一体化发展、国内国际经济双循环，对外开放水平不断提高。杭州市不断深化跨境电子商务综合试验区建设，积极推动设立中国（浙江）自由贸易试验区杭州片区，持续推进符合国际通行规则的制度供给，积极打造具有全球影响力的“互联网 +”创新创业中心、国际重要旅游休闲中心、“网上丝绸之路”重要战略枢纽城市。2022 年，杭州成为“一带一路”地方合作委员会牵头城市、全球百强国际会议目的地城市、全球旅游最佳实践样本城市、全球 15 个旅游最佳实践样本城市。杭州城市的国际化水平不断提升，特别是 2016 年 7 月，杭州市委出台《关于全面提升杭州城市国际化水平的若干意见》，提出要抓住和用好重大战略机遇，推动城市国际化新突破，全面提升城市的综合实力、创新活力、人文魅力和国际影响力。杭州抓住承办 2016 中国杭州 G20 峰会、2022 年亚运会契机，提升国际城市能级，加快跨入“世界城市”行列。杭州还积极高质量推进外向型经济发展。深入推进国际贸易“单一窗口”，加强国际物流大通道和海外仓布局，打造国际数字口岸，探索“数字清关”等跨境电商新模式，高质量建设全球一流跨境电商示范中心、国家服务外包示范城市、国家数字服务出口基地和国家文化出口基地。2022年新引进外商投资项目840个，其中总投资3000万美元以上项目97个，1亿美元以上项目29个。实际利用外资78.1亿美元，占全国比重4.13%，规模位列全国第五。

如今的杭州，国际门户枢纽功能持续增强，高水平开放型经济新格局加快形成，打造世界一流的社会主义现代化国际大都市宏伟蓝图正一步步成为现实。

四、创新活力之城优势

杭州有包容开放优势，更有依托体制改革、企业创新和人才创业所造就的城市发展活力。杭州市始终坚持“两个毫不动摇”：毫不动摇地巩固和发展公有制经济，毫不动摇地鼓励、支持和引导非公有制经济发展，持续采取举措营造促进民营经济发展环境。针对民营企业关心的市场准入、审批以及融资难、融资贵等问题，大力落实减税降费政策。特别在推动民营企业按照现代企业制度改革产权制度、完善治理结构，鼓励民营企业参与混合所有制改革，强化民营企业创新主体地位，鼓励民营科技企业加大研发投入的“双倍增”行动计划，以及推动孵化器与众创空间等各类创新创业平台建设等方面，不断提升民营经济发展新优势。积极打造“亲清”营商环境。杭州高度重视运用现代科技进步成果来推进各个领域的改革，特别是坚持以数字化改革引领系统性变革，大力推动以数字化改革倒逼体制机制变革，构建整体智治、高效协同的党政机关运行体系，构建一网通办、多端易办的政务服务体系，深化政务服务“一件事一次办”改革，大力推进政务服务“一网通办”、涉企事项“一照通办”，深化“一件事”改革、“大综合一体化”行政执法改革。以国家首批营商环境创新试点城市建设为抓手，制定实施《杭州市国家营商环境创新试点实施方案》，实施《杭州市社会信用条例》，已连续4年在全国工商联“万家民营企业评营商环境”调查中位列全国第一。在国家营商环境评价中，杭州的18个指标成为“全国标杆”。杭州营商环境竞争力跃居全球前列，正在向跻身世界城市名册排名前60强进军。

企业是经济发展的微观主体。杭州积极培育各类企业成长。据统计，2022年杭州在册市场主体总量达到167.76万户，增长9.7%，新设企业数和增速均居浙江省首位。杭州民营企业更是独树一帜。截至2021年年末，杭州全市民营经济总量突破145万户，占市场主体总量的95.15%，是名副其实的民营企业大市。在全国工商联发布的“中国民营企业500强榜单”中，杭州上榜企业数量连续20年居全国第一。2022年有41家企业入选“2022中国民营企业500强”，从上榜企业的营业收入看，杭州民营企业收入已逼近4万亿元，超过北京，上升到全国第二位，民营企业已成为杭州的一张“金名片”。与此同时，杭州积极抓好国家级改革试点，深入推进市属国有企业深化改革，分步分批次实施市属国有企业战略性重组，设立杭州科创基金、创新基金、并购基金3只单个规模超千亿基金。打造若干具有强大市场竞争力的优质国企，在推动全市经济高质量发展中发挥了引领作用。

科技创新和高新企业发展是杭州“活力之城”的集中体现。杭州发展高科技有独特优势。长期以来，杭州积极实施以“两港三区”[①]为重点的高新产业发展，积极打造“硅谷天堂”，加快构筑“数字杭州”。在推进创新发展中，杭州市高度重视企业创新的主体作用。大力实施科技企业“双倍增”计划，国家高新技术企业数实现两年翻番，总量突破1万家。2021年，杭州新增国家高新技术企业2800家。2022年新增省科技型中小企业5199家，居全省第一，总数达到2.3万家。2021年全市研发经费支出578.8亿元，投入强度达到3.59%；全市规模以上工业研发费用达630亿元，增长25%；全市高新技术产业实现增加值2827亿元，增长13%，占规模以上工业增加值比重达到69%；高新技术产业投资增长19.7%，增速高于固定资产投资9.7个百分点。2022年年末全市累计拥有国家级企业技术中心43家，国家技术创新示范企业14家，省级技术创新示范企业11家。科技企业孵化器306家，其中省级127家。众创空间207家，其中国家级85家，省级156家。全年技术交易总额1061亿元，比2021年增长37.6%。[②]2022年，杭州高新技术产业、战略性新兴产业、装备制造业增加值分别占规模以上工业的70.5%、44.6%和50.1%。[③]数字经济是杭州高新产业发展的“耀眼之星”。随着数字经济“一号工程”的推进，杭州数字经济快速发展。2022年数字经济核心产业增加值占地区生产总值的比重达27.1%，数字安防市场份额全球第一，电商平台交易量全

① “两港三区”，是指信息港、新药港和国家级高新技术产业开发区、国家级经济技术开发区、杭州高教园区。

② 杭州市统计局：《2022年杭州市国民经济和社会发展统计公报》，见 https://tjj.hangzhou.gov.cn/art/2023/3/20/art_1229279682_4149703.html。

③ 《2022年杭州市地区生产总值增长1.5%》，见 https://baijiahao.baidu.com/s?id=1760908487975048982&wfr=spider&for=pc。

国第一，在“2022 数字经济城市发展百强榜”中位居第四。

在加快高新技术产业的过程中，杭州高度重视人才的重要作用，大力实施“人才强市”战略，努力培养造就一批高素质的学术、技术带头人和职业化、现代化、国际化的优秀企业家。深入实施“西湖明珠工程”等重点人才计划，人才净流入保持全国领先，连续 12 年入选“外国专家眼中最具吸引力的中国城市”称号。

近年来，积极推动城西科创大走廊高质量融合发展，开启杭州临空经济示范区蝶变跃升新实践，推动城东智造大走廊迈出新步伐，城市东西并进的产业发展布局初步构建。杭州科技创新实力不断提升，科技创新对杭州经济的引领作用日益凸显。根据 2022 年中国科技信息研究所发布的《国家创新型城市创新能力评价报告》，杭州在国家创新型城市创新能力指数排名中位居第三。①

杭州作为我国一座创新活力之城，正在争创综合性国家科学中心，积极构筑科技成果转移转化首选地，高水平重塑全国数字经济第一城，加快建设全球先进制造业基地，打造具有国际竞争力的人才队伍，让创新活力绽放出更加灿烂之花，结出更多现代化建设之果。

五、历史文化名城优势

杭州一个非常突出的优势，就是以历史文化名城为根基的文化软实力。“上有天堂，下有苏杭”早已闻名遐迩，加上公元 13 世纪

---

① 杭州市科学技术局：《杭州位列国家创新型城市创新能力全国第三》，《杭州科技》2023 年第 1 期。

意大利著名旅行家马可·波罗向世人介绍杭州是“世界上最美丽的华贵天城”，从而使杭州“人间天堂”的美誉闻天下。杭州的灵魂和重要标识是历史文化名城，而精华所在则是西湖。“人间天堂”是历史留给杭州的一块“金字招牌”，西湖是杭州最叫得响的旅游和文化资源。

杭州是第一批国家历史文化名城。长期以来，杭州不断厚植历史文化名城优势，推动文化事业大发展大繁荣，不断提升强市名城文化软实力。2017 年 12 月住房和城乡建设部将杭州列为首批历史建筑保护利用试点城市名录，2018 年 7 月杭州市委提出要进一步彰显历史文化名城特色优势，当好延续历史文脉的“薪火传人”，积极推动历史文化名城保护和开发，不断高水平推进一流历史文化名城建设，系统化推进文物保护工作，尤其持续加强对历史文化街区名镇名村、历史地段、历史建筑、传统风貌建筑、文物、传统村落、古树名木的保护。积极打造世界遗产群落，深入实施城市记忆工程。全力推进大运河国家文化公园、良渚国家考古遗址公园、西湖世界爱情文化公园建设，进一步提升良渚遗址“实证中华 5000 多年文明史的圣地”影响力。2019 年 7 月，良渚古城遗址成功列入《世界遗产名录》。在此基础上，杭州又启动“双峰插云”景观恢复工程，实行西湖西溪一体化保护提升，加快推进大运河国家文化公园建设，有序推进南宋德寿宫遗址博物馆等重大文化项目建设，加大钱塘江古海塘遗址、新登古城墙、天目窑遗址综合保护和申遗工作力度，支持吴越国王陵申报国家考古遗址公园，有序推进南宋皇城遗址保护利用，着力打造宋韵文化传承展示中心等。同时，加大非物质文化遗产保护力度，大力深化丝绸、茶叶等东方“非遗”经典品牌培育。到

2022年11月，杭州已成功申报人类“非遗”项目5个①、国家级项目48个、省级项目184个，数量均居全省第一位，居全国同类城市前列。

不断加强公共文化服务体系建设。持续加强农村文化礼堂、“杭州书房”等文化设施建设，建好用好杭州国家版本馆、之江文化中心、杭州博物馆、杭州美术馆、中国印学博物馆、杭州音乐厅等一批新时代文化地标，精心打造之江艺术长廊，高质量建成“四级公共文化服务体系”，构建城乡一体的15分钟品质文化生活圈。加大体育公园和嵌入式体育场地建设力度。实施文艺创作攀峰行动，做精做优“中国网络作家村”“之江编剧村”等文艺原创平台，办好中国国际网络文学周等重大文化活动，推出更多精品力作。

加快文化产业发展。杭州文旅融合走深走实。加快建设钱塘江诗路文化带、杭黄世界级文化旅游廊道、环太湖生态文化旅游圈等文旅融合产业带。加强文化产业发展。杭州文化产业与信息、环保、健康、旅游、时尚、金融、高端装备制造业一起，成为浙江省重点发展的战略性新兴产业。2018年11月，杭州出台《之江文化产业带建设推进计划》，着力在之江文化产业带打造数字文化、影视文化、艺术创作设计、动漫游戏、现代演艺、文化休闲旅游六大重点产业，推进区域文化产业快速发展。同时，杭州还高规格启动“诗路文化·三江两岸”黄金旅游线建设，高水平建设之江艺术长

---

① 5个“非遗”项目指杭州入选联合国教科文组织人类非物质文化遗产代表作名录的项目，分别为古琴艺术（浙派古琴艺术）、中国蚕桑丝织技艺（余杭清水丝绵制作技艺，杭罗织造技艺）、中国篆刻（金石篆刻）、二十四节气（半山立夏习俗）、中国传统制茶技艺及其相关习俗［绿茶制作技艺（西湖龙井）、径山茶宴］。

廊、大运河文化产业带和“三条诗路”文化带[①]，高标准实施宋韵文化传世工程，推动国家短视频基地、国家音乐产业基地、国家文化和科技融合示范基地等产业平台做大做强。率先建成国家文化和旅游消费示范城市、国家夜间文化和旅游消费集聚区，着力打造国际文化创意中心和国际重要旅游休闲中心。着力建设国家文化和旅游消费示范城市、国家夜间文化和旅游消费聚集区，持续提升文化发展的硬核实力。2022 年，杭州文化产业增加值达到 2586 亿元，杭产动画推优数量连续 5 年保持全国第一位。积极举办文化会展活动。成功举办第四届中阿广播电视合作论坛、亚太经合组织工商领导人中国论坛以及茶博会、西博会、文博会、动漫节、国际日、工匠日、西湖文化景观与意大利维罗纳老城文化交流、大运河文化带“京杭对话”、宋韵文化节等文化会展活动。积极拓展国际传播渠道，深化文化交流合作。

文化是根，文明是魂。作为“最美现象”发源地，杭州持之以恒“发现美”“倡导美”“培育美”，用“最美现象”引领时代风尚。2018 年 7 月，杭州市委强调要积极推动“最美现象”成为“普遍现象”。2021 年 4 月出台《杭州市文明行为促进条例》，进一步固化文明习惯，连续多年挖掘“最美现象”、评选道德模范，先后选出“最美妈妈”“平民英雄”等各类可亲可敬可学的“最美人物”近 3 万名。同时，广泛开展“邻居节”“好家风”“好婆媳”等活动，引导各行各业形成争做“最美杭州人”、争当“最美主人翁”的浓厚氛围，持续推进“浙江有礼 · 最美杭州”市域文明新实践。

---

① “三条诗路”文化带中的“三条诗路”，是指浙东唐诗之路、大运河诗路、钱塘江诗路。

此外，杭州还不断深化“我们的价值观”主题实践活动，广泛开展公民爱心日和“雷锋广场”等志愿服务活动，巩固拓展“礼让斑马线”“孝心车位”等文明实践成果。到2022年，杭州多次蝉联或荣获“全国文明城市”“中国最具幸福感城市”“2022中国国际传播综合影响力先锋城市”等称号。

目前，杭州正在努力打造历史文化和现代文化相交融的别样精彩的城市，物质富有与精神富有交相辉映的城市，不断扩大城市文化软实力和影响力，不断提高人的现代化和社会文明程度，推动全域文化繁荣全民精神富有达到新的时代高度。①

六、生态文明之都优势

生态环境是人类生存和发展之基，实现人与自然和谐共生是中国式现代化的鲜明特点，也是人民群众追求日益美好生活的迫切需要。杭州有着良好的自然生态环境，又长期坚持“环境立市”发展战略，使生态之都享誉中外，杭州发展的生态优势也更为显著。

2004年2月，习近平同志强调杭州要扎实推进“环境立市”战略，进一步加强生态保护和建设，实现可持续发展，努力把杭州建成“生态市”。长期以来，杭州市在“八八战略”指引下，广泛推进生态治理，不断美化生态环境，努力建设生态之都。坚持“环境立市”的战略目标，以环境污染整治和生态市建设为抓手，

① 本部分内容主要根据杭州市委《关于全面学习把握落实党的二十大精神　加快打造世界一流的社会主义现代化国际大都市　努力成为中国式现代化城市范例的决定》等文件资料编写。

不断巩固“创建国家环境保护模范城市”及生态示范区建设成果，有计划地推进环境保护和生态建设重点工程，有效改善生态环境质量；以统筹城乡生态建设为基点，拓展生态文明建设空间布局，启动生态市建设的“1250”工程；以五水共治、五气共治、五废共治为抓手，全面推进“美丽杭州”建设，不断完善生态文明立法，倡导绿色文明生活方式，成为全国第一批生活垃圾分类示范城市，建成具有世界一流水平的公共自行车智能管理系统，生态文明程度显著提高。积极打造城市生态系统期，以建设具有国际特色的国际花园城市、国际风景旅游城市为目标深化生态文明建设，率先建立市域生态补偿机制、排污权交易机制等长效机制，通过构建相对系统完备、科学规范、运行有效的生态文明制度体系，探索生态文明建设规范化和体系化。围绕蓝天、碧水、净土、清废四大保卫攻坚战，高质量打好污染防治攻坚战。不断提升生态环境治理体系和治理能力现代化水平，目前，已基本形成运行管理良好的高效能化的城市生态系统。杭州市先后获得“国家生态文明先行示范区”“国家生态市”“国家生态园林城市”“全国美丽山水城市”等荣誉称号。

杭州市始终践行绿水青山就是金山银山理念，持续擦亮生态文明之都“金名片”，不断开辟人与自然和谐共生新境界。面向未来，杭州市力争在生态环境质量、资源能源集约利用、美丽经济发展等方面，都处于全国领先和国际先进水平，全面形成绿色生产生活方式，争取成功创建国际湿地城市，全域建成国家生态文明示范区，高水平打造现代版“富春山居图”，使生态之都优势不断显现，努力成为美丽中国建设的样本。

第二节　杭州打造中国式现代化城市范例的基本目标

进入新时代，习近平总书记殷殷嘱咐浙江干部群众，要继续秉持浙江精神，干在实处、走在前列、勇立潮头，要干在实处永无止境，走在前列再谋新篇，勇立潮头方显担当，努力把浙江建设成全面展示中国特色社会主义制度优越性的“重要窗口”，推动高质量发展和共同富裕的先行示范区，成为全面推进中国式现代化的先行地。这是习近平总书记对浙江的新嘱托、新期待，也是贯彻落实“八八战略”再创辉煌的新使命、新要求。

二十多年来，浙江广大干部群众坚持一张蓝图绘到底，锲而不舍实施“八八战略”，取得了“走在前列”的辉煌成果。“八八战略”开辟了中国特色社会主义在浙江生动实践的新境界，是习近平新时代中国特色社会主义思想在浙江孕育和实践的集中体现，是我们全面推进习近平新时代中国特色社会主义思想在浙江生动实践的总抓手，也是引领杭州打造中国式现代化城市范例的总纲领。

对一个地方来说，如何根据国际国内发展趋势，科学谋划和制定发展战略及目标思路，是事关发展全局的一件大事。早在2003年1月，习近平同志在参加浙江省人民代表大会杭州代表团讨论发言时，就给杭州的领导干部提出了明确要求，“我们一定要站得更高一些，想得更远一些，从实入手，始于足下，与时俱进，勇立潮头”[①]。到浙江任职后，习近平同志花大量时间深入杭州各地考察调

① 习近平:《始终坚持发展这个第一要务　不断提高综合实力和国际竞争力——参加省人代会杭州代表团会议》,《杭州日报》2003年1月17日。

研，反复思考杭州的历史、现状和未来发展，提出了许多极富启发性、前瞻性的理念思路和战略目标，尤其在提炼、概括杭州发展的主要特色、特点和未来发展战略定位方面，更是倾注了不少心血，展现了超凡的战略智慧。比如，他指出："人间天堂"是杭州的最大财富、最大品牌，要努力建设新天堂。明确要求杭州应把建设"人间新天堂"作为发展目标，积极"构筑大都市，建设新天堂"，打响经济强市、文化名城、旅游胜地、天堂硅谷四张"金名片"。

习近平同志经常从前瞻性的国际视野思考重大问题，教育领导干部要善于从全局和长远出发谋划一地发展。他要求杭州的同志既要立足杭州看杭州，又要跳出杭州看杭州。2007 年 1 月，习近平同志作为浙江省人大代表，参加了杭州代表团的讨论。在听取代表们发言后，他发表了重要讲话，明确提出："杭州不应当仅仅是浙江的杭州、中国的杭州，也应当是亚洲的杭州、世界的杭州。现在杭州具备天时、地利、人和的条件，衷心希望和祝愿杭州以世界一流的标准要求自己，创造世界一流的业绩，培育世界一流的胸襟和气魄，努力把杭州打造成为世界一流的现代化国际大都市。"①

习近平同志提出的要"把杭州打造成为世界一流的现代化国际大都市"，是激励杭州砥砺前行的巨大精神力量，已成为引领杭州长远发展的总体性战略性目标。在习近平新时代中国特色社会主义思想指引下，杭州忠实践行习近平总书记在浙江工作期间提出的"八八战略"和对杭州工作的一系列重要指示，深入学习贯彻落实

---

① 杭州市委办公厅、杭州市档案馆：《殷切的期望——习近平同志对杭州工作重要指示选编》，2020 年版，第 288 页。

党的二十大精神，根据《中共中央　国务院关于支持浙江高质量发展建设共同富裕示范区的意见》和《浙江高质量发展建设共同富裕示范区实施方案（2021—2025年）》，结合杭州实际，谋划出台了《杭州争当浙江高质量发展建设共同富裕示范区城市范例的行动计划（2021—2025年）》，正在加快高水平推进共同富裕幸福杭州建设，为打造世界一流的社会主义现代化国际大都市和中国式现代化城市范例而努力奋斗。

2022年12月，中共杭州市委十三届三次全会审议通过了《关于全面学习把握落实党的二十大精神　加快打造世界一流的社会主义现代化国际大都市　努力成为中国式现代化城市范例的决定》，进一步明确了“加快打造世界一流的社会主义现代化国际大都市”的总体要求、主要目标和工作导向，并就如何推进现代化战略支撑强基新实践，加快打造创新创业的新天堂；推进现代化产业体系建设新实践，加快打造产业兴盛的新天堂；推进现代化制度体系重塑新实践，加快打造活力迸发的新天堂；推进现代化文化文明培育新实践，加快打造别样精彩的新天堂；推进现代化品质生活提升新实践，加快打造共享幸福的新天堂；推进现代化生态治理优化新实践，加快打造独特韵味的新天堂；推进现代化民主法治建设新实践，加快打造良法善治的新天堂等各个领域的工作思路、任务和举措作出了具体部署。这“七个新天堂”体现了我们党统筹推进“五位一体”总体布局、协调推进“四个全面”战略布局，体现了杭州深入贯彻习近平同志提出的“八八战略”和杭州市要“打造世界一流的社会主义现代化国际大都市”的目标要求，展现了浙江奋力推进“中国特色社会主义共同富裕先行和省域现代化先行”的杭州担当。

中共杭州市委号召全市人民，要坚定不移沿着“八八战略”指引的路子前进，坚持干在实处、走在前列、勇立潮头，以“再展雄风、再创辉煌”的志气勇气豪气，全面深化“奋进新时代、建设新天堂”系列变革性实践，更好统筹经济高质量发展与城市内涵式发展，高水平推进共同富裕幸福杭州建设，加快打造世界一流的社会主义现代化国际大都市，率先探索具有普遍意义的共同富裕和现代化路径，在以“两个先行”打造“重要窗口”中展现头雁风采，为中国式现代化提供城市范例。

第三节　杭州打造共同富裕城市范例的重点

习近平新时代中国特色社会主义思想是当代中国马克思主义、21 世纪马克思主义，是中华文化和中国精神的时代精华，实现了马克思主义中国化新的飞跃。党确立习近平同志党中央的核心、全党的核心地位，确立习近平新时代中国特色社会主义思想的指导地位，反映了全党全军全国各族人民共同心愿，对新时代党和国家事业发展、对推进中华民族伟大复兴历史进程具有决定性意义。党的十八大以来，习近平总书记对推进共同富裕取得更为明显的实质性进展，进行了系统深刻的理论思考和实践总结，形成了一系列具有原创性的思想理论、思路目标、方针政策、体制机制等重大成果，并作出了支持浙江推进高质量发展建设共同富裕示范区的战略决策。这是习近平新时代中国特色社会主义思想的重要组成部分，是指引我们推进高质量发展和共同富裕实践的行动指南。

一、确立打造城市范例的战略目标

扎实推进共同富裕是一项复杂艰巨的系统工程，又是长期的奋斗目标，需要有规划有部署分阶段分目标地向前推进。习近平总书记指出："要深入研究不同阶段的目标，分阶段促进共同富裕：到'十四五'末，全体人民共同富裕迈出坚实步伐，居民收入和实际消费水平差距逐步缩小。到2035年，全体人民共同富裕取得更为明显的实质性进展，基本公共服务实现均等化。到本世纪中叶，全体人民共同富裕基本实现，居民收入和实际消费水平差距缩小到合理区间。要抓紧制定促进共同富裕行动纲要，提出科学可行、符合国情的指标体系和考核评估办法。"①

目标蓝图引领未来发展。共同富裕是中国特色社会主义现代化的本质要求和现代化强国的重要目标。党的二十大报告对以中国式现代化全面推进中华民族伟大复兴的目标和战略作了部署：总的战略安排是分两步走：从2020年到2035年基本实现社会主义现代化；从2035年到本世纪中叶把我国建成富强民主文明和谐美丽的社会主义现代化强国。到2035年人民生活方面更为具体的目标任务是，"人民生活更加幸福美好，居民人均可支配收入再上新台阶，中等收入群体比重明显提高，基本公共服务实现均等化，农村基本具备现代生活条件，社会保持长期稳定，人的全面发展、全体人民共同富裕取得更为明显的实质性进展"②。《中共中央　国

① 习近平：《扎实推动共同富裕》，《求是》2021年第20期。

② 习近平：《高举中国特色社会主义伟大旗帜　为全面建设社会主义现代化国家而团结奋斗——在中国共产党第二十次全国代表大会上的报告》，人民出版社2022年版，第24页。

务院关于支持浙江高质量发展建设共同富裕示范区的意见》明确要求，示范区建设要与经济发展阶段相适应、与现代化建设进程相协调，不断形成推进共同富裕的阶段性标志性成果。到2025年，浙江省推动高质量发展建设共同富裕示范区取得明显实质性进展。到2035年，浙江省高质量发展取得更大成就，基本实现共同富裕。据此，在《浙江高质量发展建设共同富裕示范区实施方案（2021—2025年）》中，进一步细化发展目标：到2025年推动高质量发展建设共同富裕示范区取得明显实质性进展，形成阶段性标志性成果，具体要达到“七个省域范例”：率先基本建立推进共同富裕的体制机制和政策框架，努力成为共同富裕改革探索的省域范例；率先基本形成更富活力创新力竞争力的高质量发展模式，努力成为经济高质量发展的省域范例；率先基本形成以中等收入群体为主体的橄榄型社会结构，努力成为地区、城乡和收入差距持续缩小的省域范例；率先基本实现人的全生命周期公共服务优质共享，努力成为共建共享品质生活的省域范例；人文之美更加彰显，努力成为精神普遍富足的省域范例；生态之美更加彰显，努力成为全域美丽大花园建设的省域范例；和谐之美更加彰显，努力成为社会和睦团结向上的省域范例。在此基础上，进一步明确了“七个先行示范”的工作任务：打好服务构建新发展格局组合拳，推进经济高质量发展先行示范；实施居民收入和中等收入群体双倍增计划，推进收入分配制度改革先行示范；健全为民办实事长效机制，推进公共服务优质共享先行示范；拓宽先富带后富先富帮后富有效路径，推进城乡区域协调发展先行示范；打造新时代文化高地，推进社会主义先进文化发展先行示范；建设国家生态文明试验区，推进生态文明建设先行示范；坚持和发展新时代“枫桥经验”，推进社会治理先行示范。

在习近平新时代中国特色社会主义思想和习近平总书记关于共同富裕重要论述指引下，按照党的二十大关于全面建成社会主义现代化强国的战略部署，根据《中共中央　国务院关于支持浙江高质量发展建设共同富裕示范区的意见》和浙江省委关于《浙江高质量发展建设共同富裕示范区实施方案（2021—2025年）》的基本要求，杭州市结合具体实际，勇担时代使命，系统谋划和制定了《杭州争当浙江高质量发展建设共同富裕示范区城市范例的行动计划（2021—2025年）》，开启扎实推动市域共同富裕和现代化建设的新征程。该行动计划提出，要按照浙江省“七个省域范例”“七个先行示范”要求，明确提出杭州要全力打造“共同富裕示范区城市范例”的战略目标，即率先形成推进共同富裕的体制机制，高水平打造“数智杭州·宜居天堂”，争当浙江高质量发展建设共同富裕示范区的城市范例。

杭州提出打造浙江高质量发展建设共同富裕城市范例的目标任务，体现了中央和省委的基本要求，也体现了杭州作为浙江省会城市和沿海发达城市的使命担当，自觉扛起走在前列和“重要窗口”作用的时代责任。2022年12月，杭州市深入学习贯彻党的二十大精神，牢牢把握习近平新时代中国特色社会主义思想的世界观和方法论，忠实践行“八八战略”和习近平总书记对杭州工作系列重要指示批示精神，就全面深化“奋进新时代、建设新天堂”系列变革性实践、高水平推进共同富裕幸福杭州建设、加快打造世界一流的社会主义现代化国际大都市、努力成为中国式现代化的城市范例，率先探索具有普遍意义的共同富裕和现代化路径，在实干争先中奋力谱写中国式现代化的杭州篇章，作出了

《关于全面学习把握落实党的二十大精神 加快打造世界一流的社会主义现代化国际大都市 努力成为中国式现代化的城市范例的决定》。该决定体现了杭州市坚决扛起新时代新征程赋予的使命任务，以加快打造世界一流的社会主义现代化国际大都市的奋斗诗篇为中国式现代化提供城市范例的战略目标。该决定对“加快打造世界一流的社会主义现代化国际大都市”战略目标作出安排：到2035年，基本实现高水平现代化，形成具有杭州特点的中国式现代化路径；到本世纪中叶，建成具有全球影响力的独特韵味别样精彩世界名城。到2035年的发展目标是：城市综合实力大幅跃升，人均地区生产总值达到发达经济体水平；建成全球创新策源地和科技成果转移转化首选地，全球创新型城市前列的地位不断巩固；建成特色优势明显的现代化产业体系，在新发展格局中的节点作用有效发挥；建成全过程人民民主市域典范，基本实现城市治理体系和治理能力现代化，法治杭州、平安杭州建设达到更高水平；建成一流历史文化名城，城市文化软实力和影响力显著增强，人的现代化和社会文明程度明显提高；促进共同富裕率先取得实质性突破，居民人均可支配收入保持全国领先，形成以中等收入群体为主体的橄榄型社会结构，实现人的全生命周期公共服务优质共享；建成新时代美丽杭州，碳排放达峰后稳中有降，全面形成绿色生产生活方式，高水平打造现代版“富春山居图”。该决定系统完整地构建了市域层面推进中国式现代化实践的目标体系、工作体系、政策体系、评价体系，全力推动习近平新时代中国特色社会主义思想在杭州落地生根、开花结果，以杭州的先行探索为全省全国提供实践范例。

二、创新推进共同富裕的体制机制

改革创新是引领发展的根本动力，也是推进共同富裕的基本动力。只有形成有利于推进共同富裕的制度安排，才能持续有序地实现共同富裕。共同富裕作为中国式现代化的重要特征，是一项巨大的历史性变革实践，需要不断探索并建构起相应的制度和政策，坚持以改革创新为根本动力，充分调动和激发人民群众的积极性、主动性、创造性。

一是坚持以人民为中心，在高质量发展中促进共同富裕。高质量发展是全面建设社会主义现代化国家的首要任务。没有坚实的物质技术基础，就不可能全面建成社会主义现代化强国。按照党的二十大要求，必须完整、准确、全面贯彻新发展理念，坚持社会主义市场经济改革方向，坚持高水平对外开放，加快构建以国内大循环为主体、国内国际双循环相互促进的新发展格局，不断增强国内大循环内生动力和可靠性，提升国际循环质量和水平，加快建设现代化经济体系，着力提高全要素生产率，着力提升产业链供应链韧性和安全水平，着力推进城乡融合和区域协调发展，推动经济实现质的有效提升和量的合理增长，不断提高人民生活水平和社会保障水平，促进全体人民的共同富裕水平。杭州市在《杭州争当浙江高质量发展建设共同富裕示范区城市范例的行动计划（2021—2025年）》中，明确要推动经济发展质效显著提高，实现先富引领，积极形成国内大循环强劲动力源和国内国际双循环强大链接点，形成更富活力创新力竞争力的高质量发展模式，特别在构建具有国际竞争力的现代产业体系，加快打造创新创业、产业兴盛、活力迸发的新天堂等高质量发展领域，深化体制机制，注入科技创新动力，并出台相关政策举措。

二是坚持效率与公平统一，创新推进共同富裕的体制和政策。社会分配制度是促进共同富裕的基础性制度。分配制度是在做大做好财富“蛋糕”的基础上切好分好社会财富“蛋糕”的体制机制保障，也是让发展成果更多更公平地惠及全体人民的根本举措。我们要坚持按劳分配为主体、多种分配方式并存的基本原则，构建起初次分配、再分配、第三次分配协调配套的制度体系。要积极发挥有效市场的作用，完善体现效率的初次分配制度，激发各类要素参与生产的积极性。提高劳动报酬在初次分配中的比重，健全工资合理增长机制，增加低收入者收入，扩大中等收入群体。完善劳动、资本、土地、知识、技术、管理、数据等生产要素由市场评价贡献、按贡献决定报酬的机制，拓宽收入渠道。要积极发挥有为政府的作用，完善体现公平的再分配制度，合理调节分配差距。加大税收、社会保障、转移支付等的调节力度并提高精准性，规范收入分配秩序，规范财富积累机制。要积极发挥有爱社会的作用，完善体现自愿的第三次分配制度，促进和谐社会建设。引导、支持有意愿有能力的企业、社会组织和个人积极参与公益慈善事业，改善收入和财富分配格局。杭州市在推动实现更加充分更高质量就业、全面落实居民收入和中等收入群体双倍增计划、完善财政政策调节收入机制、大力发展公益慈善事业等方面，着力深化体制机制改革和政策创新。

大力发展公益慈善事业，推进市、区县（市）两级慈善基金建设，完善有利于慈善组织持续健康发展的体制机制，着力发展枢纽型、资助型、行业性慈善组织，畅通社会各方面参与慈善和社会救助的渠道。

三是扩大中等收入群体比重，形成橄榄型社会结构。这是社会分配结构、阶层结构和发展动力结构的重大改革和创新。通过不断扩大中等收入群体比重，增加低收入群体收入，合理调节高收入，取缔非法收入，逐步形成中间大、两头小的橄榄型分配结构。这种分配结构有利于增强社会发展动力，有利于推动社会阶层向上流动，有利于促进社会效率和社会公平，也有利于促进社会全面进步和人的全面发展，从而使全体人民朝着共同富裕目标扎实迈进。杭州市着力缩小城乡居民收入差距，努力实现群体共富，2025 年居民人均可支配收入达到8.5万元，中等收入群体规模力争实现倍增，家庭年可支配收入 10 万—50 万元的群体比例达到 85%、20 万—60 万元的群体比例力争达到 50%，以中等收入群体为主体的橄榄型社会加快形成。坚持以创业带动就业，健全统筹城乡的就业公共服务体系，努力增加就业岗位和创业机会，积极推动实现更加充分更高质量就业；城镇调查失业率控制在 5%左右，城乡居民收入倍差缩小到 1.7 以内，城镇居民、农村居民内部高低收入人群收入差距持续缩小。①

四是结合实际，着力推动差别化区域政策。为率先形成推进共同富裕的体制机制，杭州市着力从区域、城乡、群体、精神文化和对口合作五个方面，积极实施差别化区域政策。第一，着力缩小东西部县（市、区）在居民收入、基础设施、基本公共服务、人民生活水平等方面的差距，促进区域共同富裕；建立以工补农、以城带乡的新型工农城乡关系，加快城市基础设施向农村延伸、城市

---

① 《杭州争当浙江高质量发展建设共同富裕示范区城市范例的行动计划（2021—2025 年）》，见 http://www.hangzhou.gov.cn/art/2021/7/29/art_1345197_59039566.html。

公共服务向农村覆盖，健全城乡融合发展体制机制，促进城乡共富；第二，全面落实居民收入和中等收入群体双倍增计划，千方百计拓宽城乡居民增收渠道，构建以中等收入群体为主体的橄榄型社会结构，实现中等收入群体规模五年翻一番；第三，完善收入分配调节和动态帮扶机制，明显缩小群众收入差距，促进群体共富；第四，在经济高质量发展的基础上，不断丰富人民群众的精神文化生活，构建公平公正、诚实守信的法治环境，促进物质精神共富；第五，做强做大杭州都市区，打造“山海协作”升级版，分类精准开展对口支援、对口帮扶、对口合作，促进协作地区走上共同富裕道路。

三、探索推进共同富裕的实践路径

扎实推进共同富裕要明确目标分化和以深化体制机制改革为根本动力，同时要理清实践路径，稳中求进，久久为功，使全体人民有实实在在的获得感、幸福感和安全感，不断实现对美好生活的向往和追求。

《中共中央　国务院关于支持浙江高质量发展建设共同富裕示范区的意见》对推进共同富裕的基本路径和主要任务明确提出了以下要求：一是提高发展质量效益，夯实共同富裕的物质基础；二是深化收入分配制度改革，多渠道增加城乡居民收入；三是缩小城乡区域发展差距，实现公共服务优质共享；四是打造新时代文化高地，丰富人民精神文化生活；五是践行绿水青山就是金山银山理念，打造美丽宜居的生活环境；六是坚持和发展新时代“枫桥经验”，构建舒心安心放心的社会环境。

《浙江高质量发展建设共同富裕示范区实施方案（2021—2025年）》重点强调了高质量发展共同富裕示范区的“七个先行示范”，形成浙江推进共同富裕的主要路径：打好服务构建新发展格局组合拳，推进经济高质量发展先行示范；实施居民收入和中等收入群体双倍增计划，推进收入分配制度改革先行示范；健全为民办实事长效机制，推进公共服务优质共享先行示范；拓宽先富带后富先富帮后富有效路径，推进城乡区域协调发展先行示范；打造新时代文化高地，推进社会主义先进文化发展先行示范；建设国家生态文明试验区，推进生态文明建设先行示范；坚持和发展新时代“枫桥经验”，推进社会治理先行示范。①

作为省会城市，杭州在争当浙江高质量发展建设共同富裕示范区城市范例中坚决扛起头雁担当，奋力开创“大杭州、高质量、共富裕”发展新格局。2021年7月，杭州市制定了《争当浙江高质量发展建设共同富裕示范区城市范例的行动计划》，重点部署了2021—2025年杭州推进共同富裕的六大基本路径：一是加快建设全球数字变革策源地，切实增强高质量发展的空间和动能支撑；二是促进城乡区域一体化发展，让全市人民共享高品质生活；三是深化收入分配制度改革，不断缩小居民收入差距；四是推动社会全面进步，着力建设文明和谐美丽家园；五是扛起省会城市和沿海发达城市的责任担当，为全省全国大局多作贡献；六是落实工作保障，凝聚推动全域共同富裕的强大合力。②

---

① 《浙江高质量发展建设共同富裕示范区实施方案（2021—2025年）》，见 https://www.ndrc.gov.cn/fggz/qykf/xxjc/202107/t20210728_1291943.html。

② 《杭州争当浙江高质量发展建设共同富裕示范区城市范例的行动计划（2021—2025年）》，见 http://www.hangzhou.gov.cn/art/2021/7/29/art_1345197_59039566.html。

从实施推进共同富裕的基本路径和主要任务特点来看，杭州市坚决贯彻落实了党中央和省委的基本要求，同时结合实际，提出了略高于全省的工作指标，特别是在推进扩中提低改革，全力实施居民收入和中等收入群体双倍增计划；突破区域城乡发展差距，全力推进全域城乡一体化发展；着力提升人民生活品质，全力推动公共服务优质共享；动员群众广泛参与，全力推进共同富裕现代化基本单元建设；扛起省会城市和沿海发达城市的责任担当为全省全国大局多作贡献等方面，凸显了杭州市综合发展实力强和担当有为的政治责任。目前，杭州正推进共同富裕体制机制创新实现重大突破，不断缩小地区差距、城乡差距和收入差距，加快形成“大杭州、高质量、共富裕”的发展新局，取得一系列“先富引领、共富示范”的阶段性标志性成果。力争到2035年，杭州居民人均可支配收入保持全国领先，形成以中等收入群体为主体的橄榄型社会结构，实现人的全生命周期公共服务优质共享，基本达到生活富裕富足、精神自信自强、环境宜居宜业、社会和谐和睦、公共服务普及普惠的目标。

在习近平新时代中国特色社会主义思想指导下，杭州市深入学习贯彻党的二十大精神，坚定不移深入落实“八八战略”，坚持干在实处、走在前列、勇立潮头，以“再展雄风、再创辉煌”的志气勇气豪气，全面深化“奋进新时代、建设新天堂”系列变革性实践，更好统筹经济高质量发展与城市内涵式发展，高水平推进共同富裕幸福杭州建设，率先探索具有普遍意义的共同富裕和现代化路径，全力推进现代化品质生活提升新实践，加快打造共享幸福的新天堂，加快打造世界一流的社会主义现代化国际大都市，努力成为中国式现代化的城市范例。

第四节　杭州推进共同富裕的主要举措

2021年7月，杭州市委、市政府制定了《杭州争当浙江高质量发展建设共同富裕示范区城市范例的行动计划（2021—2025年）》，2022年12月，杭州市委作出《关于全面学习把握落实党的二十大精神　加快打造世界一流的社会主义现代化国际大都市　努力成为中国式现代化的城市范例的决定》，就全面深化"奋进新时代、建设新天堂"系列变革性实践、高水平推进共同富裕幸福杭州建设、加快打造世界一流的社会主义现代化国际大都市、努力成为中国式现代化的城市范例作出了决定。按照《中共中央　国务院关于支持浙江高质量发展建设共同富裕示范区的意见》和《浙江高质量发展建设共同富裕示范区实施方案（2021—2025年）》，杭州力争率先探索破解新时代社会主要矛盾的有效途径，率先形成推进共同富裕的体制机制，积极争当浙江高质量发展建设共同富裕示范区的城市范例和中国式现代化的城市范例。

杭州争当浙江高质量发展建设共同富裕示范区城市范例的主要目标是，到2025年，以数字化改革撬动共同富裕体制机制创新实现重大突破，地区差距、城乡差距和收入差距不断缩小，共建共享的公共服务体系、市域一体的规划建设体系、高效联通的交通网络体系、全域统筹的保障支撑体系"四大体系"更加完善，"大杭州、高质量、共富裕"的发展新局加快形成，基本达到生活富裕富足、精神自信自强、环境宜居宜业、社会和谐和睦、公共服务普及普惠，取得"先富引领、共富示范"的阶段性标志性成果。经济发展质效显著提高，努力实现先富引领；城乡土地空间开发保护格局持续优化，努力实现区域共富；人的全生命周期公共服务优质均衡，努力实现城乡共富；城乡居民收入差距明显缩小，努力实现群体共富；社会文明和谐程度持续提高，努力实现物质精神共富；市域内外联动发展共同提升，努力实现协作地区共富。

杭州推进共同富裕的主要任务和举措有以下几点。①

一、加快建设全球数字变革策源地，切实增强高质量发展的空间和动能支撑

第一，优化特大城市空间格局。按照“多中心、网络化、组团式、生态型”的原则，明确“一核（中心若干城区）九星（中心城区外的区县市）”功能定位，推动“优核强星”、错位协同发展，加快形成新的城市肌理，推动城市发展方式实现深层次变革。

第二，推进高水平科技自立自强。落实科技创新新型举国体制，全力增强创新策源力、技术供给力、成果转化力，打造国际一流的“互联网+”、生命健康和新材料科创高地，全面提升城西科创大走廊创新策源功能，争取布局国家技术创新中心、产业创新中心、制造业创新中心、工程研究中心等重大创新载体，创建综合性国家科学中心核心承载平台，加快国家自主创新示范区和国家新一代人工智能创新发展试验区建设，推进杭州高新开发区扩区提质更好辐射带动全市创新发展，建设世界一流高科技园区，抢先掌握一批“硬核”技术，努力形成一批世界级创新成果。

① 本部分主要转述杭州市委、市政府《杭州争当浙江高质量发展建设共同富裕示范区城市范例的行动计划（2021—2025年）》的相关内容。

第三，构建具有国际竞争力的现代产业体系。深入推进数字产业化，加快形成人工智能、视觉智能、集成电路、车联网等具有国际竞争力的数字产业集群，实现百亿元以上产业集群产业大脑应用和工业互联网平台全覆盖，打造全国数字经济第一城。加快实施“新制造业计划”，培育生物医药、新材料等若干个千亿级先进制造业集群。加快农村一二三产融合发展。大力发展数字服务、金融科技、文创会展、智慧物流等优势产业，推动现代服务业同先进制造业、现代农业深度融合。

第四，全面提升城市国际化水平。全面提升城市无障碍设施保障水平，着力提升国际都市功能。高质量推进浙江自贸试验区杭州片区建设，全面提升链接全球商品、服务、技术、资金、数据等新型贸易能力。深化跨境电商综试区建设，高效推进电子世界贸易平台和数字贸易物流枢纽全球布局，全面深化国家服务贸易创新发展试点，基本建成全球数字贸易中心。

第五，构建热带雨林式创新创业生态。以建设国家营商环境创新试点城市为契机，全面推进市场化法治化国际化营商环境建设，深入推进创新创业，全面构建“产学研用金、才政介美云”十联动的区域创新生态。坚持发展和规范并重，建立健全平台经济治理体系，推动平台经济为高质量发展和高品质生活服务。

第六，有序推进碳达峰碳中和。对照能源消费总量、碳排放总量、能耗强度、碳排放强度四项指标，抓好能源、工业、建筑、交通、农业、居民生活六大重点领域绿色低碳转型，率先探索形成以绿色低碳为导向的高质量发展新路子。全面提升建筑领域绿色低碳水平，深化交通绿色低碳转型，统筹推动农业减排增汇，广泛推行绿色低碳生活。加快推行“两山银行”建设，探索开展生态系统生产总值核算，健全生态产品价值实现机制。

二、促进城乡区域一体化发展，让全市人民共享高品质生活

第一，构建互联互通的基础设施体系。加快建设都市可达、全市快联、多心加密、组团互通的综合交通网，增强对周边区域的辐射带动功能。畅通城乡交通微循环，加强“四好农村路”建设和管养，实现市域较大自然村客运通达率100%。实现供水、电网、通信、燃气等基础设施同规同标同质。推进互联网、大数据、物联网等技术在供应链体系中的集成应用。实施全面共享数字红利行动，制定填补“数字鸿沟”的政策机制，实现5G基站乡镇以上地区全覆盖、5G网络重点行政村全覆盖，提升杭州算力基础，加快数据中心建设，打造天地一体、人机交互、高速移动、安全泛在的万物智联网。

第二，推进优质公共服务均等可及。高水平建设“美好教育”，完善城乡教育布局规划动态调整和优化机制；建成覆盖城乡、优质普惠的学前教育公共服务体系；全面推进新时代城乡义务教育共同体建设；完善特殊教育保障机制，全面提升特殊教育品质。全面推进健康杭州建设，建立市域大健康统筹联动管理机制，加快推进国家癌症中心早筛早诊早治南方基地，持续深化县域医共体和城市医联体建设。构建育儿友好型社会，加快建设普惠婴幼儿照护服务体系，多渠道降低生育、养育、教育成本。积极应对人口老龄化，发展普惠型养老服务和互助性养老，加快老年友好型社区建设。

第三，完善城乡住房保障体系。探索研究特定区域购房政策，

积极推进共有产权住房建设。创新保障性租赁住房筹建方式，加快人才专项租赁住房、蓝领公寓建设，探索多渠道增加租赁住房供给机制。积极探索老旧小区“拆改结合”试点，促进城市风貌、小区功能和生活品质提升。推动城乡房屋安全隐患排查和整治，保持农村困难家庭危房“动态清零”。健全老旧小区加装电梯民主协商和运维长效机制，实现加装电梯“能改尽改、愿改就改”。

第四，构建市域统筹的社会保障体系。健全多层次、多支柱养老保险体系，建立逐年提高城乡居民养老保险基础养老金标准的机制。全面做实基本医疗保险市级统筹，深入开展国家医保基金监管方式创新试点，健全重大疾病医疗保险制度，落实异地就医结算。健全社会救助制度，稳步提升低保低边医疗、教育、住房、就业救助水平。深化助残服务，加强精神残疾人托养，完善残疾人救助、医疗康复保障和福利补贴等制度。

第五，健全城乡融合发展的体制机制。大力推进农村转移人口市民化集成改革，调整完善以居住和社保缴纳年限为主要指标内容的积分落户政策，探索人地钱挂钩、以人定地、钱随人走制度。率先推进以土地为重点的农村集成改革，探索农民权益价值实现机制、农村集体经营性建设用地入市制度，推行全域土地综合整治。发展新型农村集体经济，鼓励乡村实施全资源开发，持续推进村级集体经济消薄增收。完善结对帮扶机制。大力建设共同富裕现代化基本单元，高水平推进未来社区建设，全面实施“百社示范、千社提升”工程，打造多功能、复合型、亲民化的未来社区生活场景。开展未来乡村建设试点，迭代升级未来邻里、绿色低碳、乡村善治等场景，建成一批示范性乡村新社区。建立健全村（社区）共享优质公共服务机制，以现有设施为基础，确保每个村（社区）具备“六个有”功能，即有卫生健康诊疗服务、有文体活动场所、有老年助餐服务、有便民服务网点、有公共交通服务、有退役军人服务。

三、深化收入分配制度改革，不断缩小居民收入差距

第一，推动实现更加充分更高质量就业。坚持以创业带动就业，健全统筹城乡的就业公共服务体系，努力增加就业岗位和创业机会。支持和规范发展基于互联网平台的新就业形态，探索完善快递小哥、网约车司机、网络主播等新业态从业人员劳动权益保障机制，促进多渠道灵活就业。合理安排就业补助资金，对高校毕业生、外来务工人员、退役军人、残疾人等重点群体中的就业困难人员实行托底帮扶，做好公益性岗位安置工作。大力开展职业技能培训，实施新型职业农民培育工程，健全外来务工人员输出输入地劳务对接机制。

第二，全面落实居民收入和中等收入群体双倍增计划。推动工资合理增长，落实最低工资标准与经济增长、社会平均工资增长联动机制，健全企业工资集体协商和集体合同制度，全面拓宽城乡居民财产性收入渠道。完善企业与农民利益联结机制，引导农户自愿以土地经营权等入股企业，通过利润返还、保底分红、股份合作等多种形式增收致富。全市最低工资标准稳步提高到城镇从业人员平均工资的40%以上，实现居民收入十年翻一番。大力实施职工素质提升工程、职工成长发展工程，壮大高技能人才队伍，畅通产业工人提升学历、提高技能的成长成才通道，激发基层干部、技能人才、科研人员、小微创业者、高素质农民等重点群体增收潜力，实

现中等收入群体规模五年翻一番。

第三，完善财政政策调节收入机制。推进财政事权与支出责任划分改革，优化财政支出结构，加大民生投入力度，强化可持续保障机制。创新涉农财政性建设资金使用方式，支持符合条件的农业产业化规模化项目。完善乡镇（街道）临时救助备用金制度，对现行社会救助制度无法覆盖和救助后仍生活困难的家庭和个人，提供临时救助。

第四，大力发展公益慈善事业。推进市、区县（市）两级慈善基金建设，完善有利于慈善组织持续健康发展的体制机制，着力发展枢纽型、资助型、行业性慈善组织，畅通社会各方面参与慈善和社会救助的渠道。鼓励金融机构开展"慈善＋金融"创新，支持公益创投、网络众筹、慈善信托、公益拍卖等新型公益模式规范发展，支持全民性慈善活动。落实公益性捐赠税收优惠政策，完善慈善褒奖制度，引导高收入群体和企业家向上向善、回报社会。

四、推动社会全面进步，着力建设文明和谐美丽家园

第一，丰富人民精神文化生活。深入开展习近平新时代中国特色社会主义思想学习教育，全面实施铸魂工程、溯源工程、走心工程，加强党史、新中国史、改革开放史、社会主义发展史教育，大力弘扬红船精神、浙江精神，提升爱国主义教育基地建设水平，守好"红色根脉"。积极培育践行社会主义核心价值观，不断厚植勤劳致富、共同富裕的文化氛围。弘扬最美精神、劳模精神、工匠精神，发挥各类先进典型人物的示范引领作用。持续放

大西湖、大运河、良渚古城三大世界遗产综合带动效应，高水平推进大运河国家文化公园、良渚国家考古遗址公园、之江文化产业带、钱塘江诗路文化带建设，有序推进南宋临安城遗址、钱塘江古海塘等申遗工作，加强文物遗产和名城保护工作，着力打造世界遗产群落和宋韵文化传承展示中心。深入实施“城市记忆”工程，加快杭州博物馆等文化地标性设施建设，创作更多弘扬主旋律、具有杭州特色的标志性代表性文艺精品。大力发展数字文化产业，壮大数字内容、数字音乐、动漫游戏、影视创作、创意设计、现代演艺等优势行业，打造具有全球影响力的国际文化创意中心。推进文明城市、文明村镇、文明单位、文明家庭等群众性精神文明创建，实现新时代文明实践中心建设市域全覆盖，争创全国文明典范城市。全面布局市、区县（市）、乡镇（街道）和村（社区）四级公共文化设施网络，不断提高城乡基本公共文化服务均等化水平。大力发展体育产业，加快公共体育场馆建设，实现重大公共体育设施市域全覆盖。推进信用杭州建设，推广应用杭州个人信用码，打造全国社会信用体系建设示范城市。

第二，全力打造“湿地水城·大美杭州”。积极推进新时代美丽杭州建设，以钱塘江、富春江、新安江为轴线，统筹自然水系、山体、湿地、绿地等生态资源，构建绿色开敞空间和生态安全屏障。实施湿地保护行动计划，打造世界湿地保护与利用的典范。推动钱塘江、苕溪、大运河等流域治理与水生态修复保护，强化流域生态联防共治，实施运河山水景观连廊工程，打造江南园林城市。实行最严格的生态环境保护制度，继续打好蓝天、碧水、净土保卫战，推动大气环境质量明显改善，建成全域“无废城市”。深化生态文明体制改革，加快淳安特别生态功能区建设。

第三，全面提升平安杭州法治杭州建设水平。加快市域社会治理现代化标杆城市建设，全面推进“县乡一体、条抓块统”县域整体智治改革，进一步健全社会治理工作体系，完善基层协商民主机制和“民呼我为”长效机制，建设人人有责、人人尽责、人人享有的社会治理共同体。坚持和发展新时代“枫桥经验”，健全社会矛盾纠纷调处化解中心工作机制，健全立体化、法治化、专业化、智能化的社会治安防控体系。率先建成城市智能感知网，统筹推进防洪排涝、海绵城市、应急避难场所等城市防灾减灾体系建设。全面提高立法、执法、司法、守法、普法水平，全面提升“数字法治”水平，不断提升公民法治素养，打造法治政府建设示范城市。

五、扛起省会城市和沿海发达城市的责任担当，为全省全国大局多作贡献

第一，充分发挥龙头领跑示范带动作用。深入推进杭州都市区、都市圈建设，以毗邻区同城化为突破口，规划建设杭绍、杭嘉、杭湖三大一体化合作先行区，探索民生领域“一卡通”，稳步推进医保异地就医结算便利化、交通出行管制政策同城化、跨市域公交线路拓展等一批同城化民生实事项目。进一步唱好杭甬“双城记”，加快打造山海协作工程升级版。

第二，深入开展跨省合作和对口支援。加快建设杭衢黄省际旅游合作示范区，推进沿线共同富裕。坚持和完善东西部协作机制，全面精准开展与各地对口地区的支援，持续推动产业合作发

展、教育医疗支援和文化交流交融，促进对口地区长治久安和长足发展。

六、落实工作保障，凝聚推动全域共同富裕的强大合力

第一，加强组织领导。坚持把党的政治建设摆在首位，加强党的组织建设，统筹推进各领域基层党组织建设，充分发挥基层党组织战斗堡垒作用和党员先锋模范作用。深入实施领导干部专业能力提升计划，鼓励引导党员干部创造性开展工作，着力打造高素质专业化干部队伍。深入推进清廉杭州建设，强化正风反腐肃纪，健全损害群众利益问题治理机制，让群众在全面从严治党中感受到公平正义。市委、市政府建立高质量发展建设共同富裕示范区领导小组，各地各部门按照职责分工，结合各自实际，加强通力合作，打造最佳实践，形成系统集成、协同高效的工作闭环，激发共同奋斗、共同富裕的强大动力。

第二，以数字化改革驱动制度重塑。以重大需求、多跨场景、重大改革“三张清单”为抓手，做优做强城市大脑，探索建设产业大脑，健全数据整合共享机制，推动场景接口互联，加快形成一批群众爱用、基层受用的多跨场景重大改革成果，提升系统集成、创新应用水平，努力成为新型智慧城市建设新理念、新技术、新模式策源地。

第三，强化系统观念。牢牢把握推进共同富裕的目标安排、主攻方向和重点任务，科学确定合理的发展指标和标准，按照经济社会发展规律循序渐进，脚踏实地、久久为功，不吊高胃口，不搞“过头事”，坚持使推动共同富裕与杭州经济社会发展阶段相适应、

与社会主义现代化国际大都市建设进程相协调，尽力而为满足实际需求，量力而行保障持续供给，率先走出具有普遍意义的共同富裕新路子。

第四，营造良好氛围。全方位、多渠道对推动共同富裕相关政策和做法进行宣传报道，增强人民群众的知晓度、认同感和满意度。坚持人民主体地位，弘扬勤劳致富精神，鼓励劳动者通过诚实劳动、辛勤劳动、创新创业实现增收致富，把人民群众对共同富裕的向往转化为干事创业的强大动力，营造互帮互助、和睦友好的社会风尚，让每一个人都成为共同富裕的直接参与者、积极贡献者、共同受益者，形成全民推进共同富裕的良好局面。

杭州市当前和今后一个时期推进共同富裕的上述工作任务和举措，主要是围绕着经济发展的先富引领、全市各地的区域共富、公共服务的城乡共富、城乡居民的群体共富、社会文明进步的物质精神共富以及市域内外对口协作联动发展的地区共富“六个共富”而展开的，体现了整体性和系统性，思路和布局上有创新性，举措上也较为精准务实。但在格局和重点上尚可强化。对此，2022 年 12 月，中共杭州市委作出的《关于全面学习把握落实党的二十大精神 加快打造世界一流的社会主义现代化国际大都市 努力成为中国式现代化的城市范例的决定》，站在高水平推进共同富裕幸福杭州建设、加快打造世界一流的社会主义现代化国际大都市、努力建设中国式现代化的城市范例的战略高度，对杭州未来一个时期的发展作了前瞻性安排。在推进共同富裕方面，该决定主要从推进现代化品质生活、加快打造共享幸福的新天堂视角，着重就深入推进扩中提低改革、推动公共服务优质共享、推进共同富裕现代化基本单元建设和构建西部区、县（市）跨越式发展新格局四个方面作了部署，现实针对性强。

第五节　杭州推进共同富裕实践的成就

高质量发展建设共同富裕示范区是习近平总书记亲自谋划、部署和推动的重大战略决策，是党中央赋予浙江的使命担当。作为浙江省会城市，杭州扛起头雁担当，积极打造高质量发展建设共同富裕示范区城市范例。近年来，杭州积极探索具有普遍意义的共同富裕和现代化先行路径，打造了一批具有鲜明辨识度、可复制、可推广的标志性成果，凝练了一批机制性制度性创新模式，形成了一批重大改革方案以及典型实践经验，对浙江高质量发展建设共同富裕示范区的实践具有一定启示作用，为其他城市的共同富裕实践提供了理论和实践经验借鉴。

2021 年 5 月以来，杭州深入贯彻落实共同富裕的新部署新要求，不断夯实共同富裕的“四梁八柱”，按照找跑道、定目标、建体系、抓改革的总体要求，形成了以“四横”“四纵”为核心的高质量发展建设共同富裕示范区系统架构图，明确了 19 项标志性成果、“1+7+N”重点工作 74 项和“1+5+n”重大改革 50 项，构建了“统筹抓总、横向协同、纵向联动”的工作机制，不断完善共同富裕的话语体系和工作体系。同时，以全力推进“三个一批”为抓手，切实当好缩小“三大差距”的探路者、领跑者、带动者。2021—2022 年，杭州在浙江省高质量发展建设共同富裕示范区工作考核评价中连续两年排名全省第一。2022 年，杭州市有 12 项成果入选国家级试点，2 项工作经验被国家部委全国推广或激励，

164 项成果入选省级试点、示范，共富典型做法被国家共富专班刊发并推广。实现地区生产总值 18753 亿元，全体居民人均可支配收入破 7 万元大关，达 70281 元，杭州城乡居民收入比为 1.71，比 2021 年缩小 0.04，2013 年起已连续 10 年呈缩小态势，收入分配格局不断优化；城镇新增就业 32.65 万人，零就业家庭实现动态清零，城镇调查失业率控制在 5%以内；连续 16 年荣获“中国最具幸福感城市”称号。

一、在高质量发展促共富上走在前列

杭州市坚持以创新制胜和打造现代化产业体系促进高质量发展，紧紧抓住“后峰会前亚运”的历史契机，坚定不移推进创新驱动发展，大力发展数字经济，持续打好大规模城中村改造和综合交通大会战，经济总量、城市能级实现跃升，进一步夯实了共同富裕的物质基础。2022 年，杭州市实现生产总值同比增长 1.5%，地区生产总值排名位居全国第九。常住人口 1237.6 万人，人才特别是海外人才的净流入率连续多年位居全国前列，自 2010 年以来连续入选“外籍人才眼中最具吸引力的中国城市”。截至 2022 年年末，拥有上市公司 283 家，其中境内上市 216 家，仅次于北京、上海、深圳，居全国第四。

（一）经济韧性活力不断增强

数字经济“一号工程”深入实施，数字经济“1248”计划持续推进，2022 年，实现数字经济核心产业增加值 5076 亿元，占地区生产总值的比重为 27.1%，数字安防市场份额全球第一、电商平台交易量全国第一。着力打造全球先进制造业基地，创新构建智能互联、生物医药、高端装备、新材料和绿色低碳五大产业生态圈，成功入选全国首批开展产业链供应链生态体系建设试点，实现战略性新兴产业增加值、高技术产业增加值分别增长4.2%和6.6%，数字安防产业集群入选国家先进制造业集群名单，战略性新兴产业集群发展工作获国务院督查激励。

（二）创新驱动能力持续提升

杭州市把科技创新摆在高质量发展全局的核心位置，举全市之力推动杭州城西科创大走廊打造“面向世界、引领未来、服务全国、带动全省”的创新策源地。同时，持续完善“产学研用金、才政介美云”十联动的创新创业生态，加快创新链、资金链、产业链、政策链“四链融合”。2022年，之江实验室成为国家实验室，浙大脑机智能实验室被列入首批20个全国重点实验室，全球创新指数城市排名跃升至第14位，创历史最好成绩。国家高新技术企业数三年翻一番，预计总数1.27万家；省科技型中小企业数三年翻一番，预计总数2.3万家。

（三）营商环境建设全面提质

入选国家首批营商环境创新试点城市名单，全域一体化推进营商环境建设的工作格局全面形成，发布了《杭州市国家营商环境创新试点实施方案》，在高标准落实国务院明确的10方面101项改革任务基础上，明确杭州“自选动作”，提出52项杭州特色改革事项，共推出153项509条改革举措，全部取得阶段性成效。在开办企业、知识产权、政府采购、“互联网＋监管”等领域走在全国前列，在国家营商环境评价中名列前茅，成为全部18项指标标杆城市，连续4年蝉联万家民企评营商环境全国城市第一，获评“营商环境最佳口碑城市”，被确定为世界银行营商环境评估备选样本城市。率先推行的通过“亲清在线”平台实现惠企政策精准直达，以及优化水电气报装等多项改革获国家认可并在全国推广。2022年，杭州民营经济增加值占地区生产总值的比重为61.0%，民间投资占固定资产投资总额的比重达到50.7%，民营企业500强数量连续20年居全国首位。

二、在高水平均衡促共富上走在前列

缩小“三大差距”，是浙江建设共同富裕示范区的主攻方向。杭州市总面积1.68万平方公里，区域经济发展和城乡社会结构多元，在我国城市体系中具有典型意义。杭州市“东强西弱”问题突出，临安、桐庐、淳安、建德四地，区域面积超杭州的72%，而人口仅占杭州的15%，地区生产总值不足杭州的10%，其人口密度、经济密度与区域面积不相匹配。近年来，杭州大力实施规划共绘、设施共建、产业共兴、环境共保、品质共享，推动西部县（市、区）与主城区加快发展、协调发展，努力当好缩小“三大差距”探路者、领跑者、带动者。

（一）持续推进强村富民，不断缩小城乡差距

聚焦强村富民的总体目标，创新开展缩小城乡差距专项行动，涉及产业振兴、迭代升级帮扶机制、公共服务城乡统筹、城乡交通互联互通、资源要素保障五大领域15个专项。特别是强化强村富

民集成改革，聚焦短板弱项，打出山区4县高质量发展改革组合拳，出台涵盖产业、交通、要素等五大方面政策体系，创新耕地保护机制，促进“种楼”和“种田”利益分享，打造“诗路文化·三江两岸”水上黄金旅游线，以旅游西进打造串联全市域的共富带，显著提升西部区县（市）发展内生驱动力。2022年，杭州市农村集体经济总收入112亿元，经营性收入88亿元，均居浙江省第一；全市行政村全部实现“5030”目标。

（二）强化市域统筹协作，不断缩小地区差距

做大做强跨区域高能级创新平台体系，巩固提升滨富合作区，高标准打造高新区（滨江）萧山特别合作园，持续推动先进制造大项目和产业链关键制造环节跨区域落地，着力构建形成集总部研发、园区制造和周边配套于一体的市域内闭环先进制造业集群生态。强化协作帮扶，创新帮扶结对联合体，聚焦帮扶山区4县，2022年实施协作项目超过150个，落实协作资金超4亿元。全力打造四个“1小时交通圈”，三大交通枢纽全面落地，建成投用了萧山机场三期、杭州西站，贯通了京杭运河二通道杭州段，地铁运营里程位居全国第五，除临安外实现县县通高铁，实现了各区、县（市）高速公路全覆盖，城市快速路累计通车里程位居全国前列。研究形成《杭黄高铁开行市郊列车实施方案》，力争开通杭州东站至富阳、桐庐、建德、淳安等地的市域（郊）班列。

（三）大力推进“扩中”“提低”改革，不断缩小收入差距

聚焦“扩中”“提低”九大群体，实施八大专项行动，以精准

画像促重点群体就业增收，建立“一人一档”人力资源库，不断推动形成以中等收入群体为主体的橄榄型社会结构。2022 年，杭州市农村居民人均可支配收入增长 5.8%，高于城镇居民 2.7 个百分点；低收入农户人均可支配收入 22849 元，增长 13.5%。健全完善社会保障制度，建立健全大社保市域统筹体系，2022 年实现全市统一为 330 元 / 人 / 月，实现低保、低边认定和补贴、特困标准、困境儿童补贴标准“六统一”，全市域最低生活保障月标准居全省第一，达到 1216 元。企业职工养老保险顺利实现全国统筹，企退人员基本养老金实现连续 18 年增长，全国率先启动个人养老金先行试点。推动慈善信托全省试点，全国首个金融系统慈善信托基金项目落户杭州。指导微笑明天慈善基金会开具了全国第一张有地方政策支持的公益性事业捐赠票据。

三、在高品质生活促共富上走在前列

杭州市围绕人的全生命周期多元化需求，着眼人民群众最关心、最期盼、最具获得感的民生领域，深入落实稳就业举措，启动个人养老金制度先行试点，加强困难群众兜底保障，深化美好教育建设，高水平推进健康杭州建设，启动共有产权房保障制度试点，初步构建形成公共服务共享体系。

（一）加快完善“一老一小”服务体系

突出围绕人的全生命周期需求，高水平建设“老年友好型城市”和“儿童友好型城市”。在老年友好型城市建设方面，优化完善“身边—家边—周边”15 分钟居家养老服务圈，不断深化大社区养老体系，试点打造“幸福邻里坊”，探索开展家庭养老床位，全力推进居家养老服务用房配建，形成的“家院互融、原居安养”养老服务新模式加快推广并广受好评。杭州家庭养老床位建设入选民政部、财政部居家和社区养老服务改革试点工作优秀案例，医养康养结合经验获国务院领导批示肯定。截至2022年年底，累计建成村社级居家养老服务中心2600余家。在儿童友好城市建设方面，完善普惠婴幼儿照护服务体系，连续三年把婴幼儿照护服务列入民生实事项目，建立以家庭照护、社区统筹、社会兴办、单位自建和幼儿园办托等为主的多元化办托模式。国内首创建立婴幼儿成长驿站，率全国之先出台《婴幼儿照护服务设施配建办法》，被列入首批国家试点建设名单。截至2022年年底，全市各类婴幼儿照护服务机构超过1000家，可提供托位超4万个，每千人托位数达到3.7个。

（二）推动教育医疗健康优质共建共享

深化新名校集团化建设，完善市、区两级合作共建优质高中办学创新机制，选派中小学优秀骨干教师对口服务山区4县（市、区）。深化医联体和县域医共体内涵建设，加大市级医院托管县级医院。健康杭州强化推进，牵头成立杭州都市圈健康城市联盟，全市居民健康素养水平提升至41.99%，10个案例入选国家级优秀案例或创新案例，被评为全国健康城市建设样板市、健康中国年度标志城市。

（三）开拓嵌入式服务设施建设新路径

创新开展产业园区嵌入式幼儿园（含托育）建设，通过对各城区人口流入数量、产业园区员工子女入园需求的动态分析，建成一批公建公营、民建公营和民建民营等建设方式相结合的普惠幼儿园和托育机构。截至2022年年底，嵌入式幼儿园（含托育）试点扩大至5家。着力破解人均体育设施面积不足问题，出台《杭州市嵌入式体育场地设施建设导则（试行）》《杭州市嵌入式体育场地设施建设三年行动计划（2022—2024）》等，盘活公园绿地、桥下空间、河边绿道等“金角银边”的体育场地78.9万平方米。

四、在高标准治理促共富上走在前列

为强化“物质富裕”与“精神富有”两手抓，奋力勇攀社会主义先进文明高峰，杭州市重点围绕社会治理、文化治理和生态治理三大领域，着力推动建设中国数字治理第一城、打造全域文化繁荣全民精神富有的一流历史文化名城和绘就现代版富春山居图，实现社会治理现代化水平、文化软实力和新时代美丽杭州建设取得显著成效。

（一）社会数字化治理水平全面提升

持续推进城市大脑2.0建设，杭州城市大脑被评为省数字化改革“最强大脑”，承担的“浙医互认”“关键小事智能速办”成为浙江省数字化改革标志性应用成果，法治政府数字化转型被列为第二批全国法治政府建设示范项目。政务服务数字化水平在国务院办公厅综合评价中位居全国第一，首席数据官、数字专员创新做法在全国推广。加快“大综合一体化”行政执法改革，精简50支市县执法队伍，191个镇街全部实现“一支队伍管执法”。创新社会治理共同体，如西湖区建立“民呼我为·西湖码”数字应用，用户使用微信、支付宝等一键扫码即可反映诉求，实现综治快响、矛盾快处、问题快办。临安区创新发展新时代“枫桥经验”，设立线上“共享法庭”为百姓提供远程调解、在线诉讼等服务，2022 年来调解纠纷 2437 件，两年为当事人节约诉讼成本 170 余万元。“共享法庭”相关工作先后得到时任浙江省委书记袁家军，时任最高法院党组书记、院长周强等领导的批示肯定，还得到《人民日报》、新华社、中央电视台等中央媒体的关注报道，并入选全国法院 2021 年《新时代人民法庭建设案例选编》。

（二）历史文化名城金字招牌持续擦亮

大力推进新时代精神文明建设，巩固提升礼让斑马线、孝心车位、红十字“救”在身边等品牌，2022 年实现新时代文明实践中心市域全覆盖。强化千年文脉传承保护，深挖三大世界文化遗产内涵，实施宋韵文化传世工程，南宋皇城遗址考古工作取得重大突破，“中国传统制茶技艺及其相关习俗”（西湖龙井、径山茶宴）被列入联合国教科文组织人类非物质文化遗产代表作名录。深入推进文旅融合发展，规划打造“诗路文化·三江两岸”水上黄金旅游线，加快建设诗路文化带、大运河文化产业带和之江文化产业带，西湖博览会、中国动漫节、杭州文化创意产业博览会、宋韵文化节等活动成功举办，2022 年实现文化产业增加值 2420 亿元，同比增长 4%。

（三）美丽中国建设谱写杭州新篇章

着力推动国家生态文明示范区、美丽杭州建设等谋划布局，以大花园建设为抓手，着力夯实绿色生态本底，厚植生态文明之都特色优势，连续第7年荣获美丽浙江考核优秀，萧山区被命名为全国生态文明建设示范区、桐庐县被命名为全国“绿水青山就是金山银山”实践创新基地。加强生态环境保护，推动大气环境质量明显改善，工业园区全面建成“污水零直排区”，开展全国“无废城市”建设试点，生活垃圾分类工作成效居全国大型城市第三位，“无废指数”居浙江省第一，连续第6年获得省“五水共治”大禹鼎。生态系统承载力有效提升，西湖西溪一体化保护提升工程高水平推进，千岛湖、湘湖等综合保护和利用水平持续提升，推进西溪湿地管理体制改革，加强钱塘江、苕溪、大运河等流域治理与水生态修复保护，强化流域生态联防共治，在淳安特别生态功能区实施全国首部生态特区条例。大力发展生态增汇型农业，着力开展节能减排行动，开工建设建德、桐庐抽水蓄能电站，现代化国际大城市减污降碳协同创新试点和碳排放监测试点走在全国前列。

五、在高效能制度促共富上走在前列

杭州市以改革和政策创新为牵引，积极探索建立高效能机制创新体系，持续推动制度创新、工作推进机制创新和共富单元建设运营机制创新等走在前列，坚定不移以机制创新思维谋划推进各项工作，着力形成一批特色鲜明、复制推广性强的杭州经验。

（一）共同富裕制度体系不断完善

杭州以改革为牵引，构建形成了以《杭州争当浙江高质量发展建设共同富裕示范区城市范例的行动计划》为核心的杭州市共同富裕制度政策体系，出台了《杭州市“扩中”“提低”行动方案》《杭州市“一老一小”整体解决方案》《杭州市高中学校基本建设攻坚行动方案（2022—2025 年）》等政策组合拳，积极探索推动发展型制度政策加快向共富型制度政策跃升转变。

（二）合力促共富的机制趋于成熟

两年来，杭州市聚焦制度体系重塑，初步构建塑造了工作联动、赛马激励、大成集智、舆论引导四大共同富裕推进机制，进一步激发共同富裕内生动力。建立“统筹抓总、横向协同、纵向联动”工作联动机制，建立三级例会、督查督办及评估评价工作体系，实现省、市、县三级贯通，同时增强了市委社建委统筹协调力。2022 年共召开三级例会 20 次、专题会议 11 次，开展共富业务培训及实战经验分享近 500 期，参训人数达 7 万余人，做到省市任务第一时间传达部署。建立赛马激励机制，坚持小切口，大牵引，开设理论课题、试点案例和重点攻坚 3 个比拼赛道，打造基层实践创新—部门总结提炼—全市复制推广的推进模式。2022 年，杭州市评选出第一批最佳实践 30 个、两批试点 63 个、共富理论课题 74 个。全市入选省最佳实践 11 个、省级试点 8 个，数量均居浙江省第一。建立大成集智机制，成立杭州市社会建设咨询委员会，联合民主党派、高校、智库等深入一线开展研究，及时将推进共同富裕的好经验好做法固化形成理论成果和制度成果。建立舆论引导机制，结合共富一周年、党的二十大召开等重要节点，通过举办白皮书发布、人物访谈、基层采风等活动，集中开展有高度、有广度、有深度、有温度的共富系列报道，凝聚起共同奋斗推进共同富裕的社会共识。

（三）共同富裕基本单元持续创建

杭州市聚焦探索可持续运营机制，积极引入社会资本参与未来社区投资建设和后期运营，形成自我造血机制，在浙江省率先出台《城镇未来社区验收办法》《未来乡村建设评价指标体系》《未来乡村建设指南》等。2022 年，杭州市累计创建未来社区 185 个，受益居民 168 万人，创建数量、建成数量全省“双第一”。

第六节　杭州推进共同富裕实践的启示

共同富裕是开创性事业，是系统性变革重塑，没有先例可循，没有现成模式，唯有实践求索，敢试敢闯、敢为人先，才有可能真正蹚出一条新路。杭州争当浙江高质量发展建设共同富裕示范区城市范例的实践，是习近平总书记关于推进共同富裕指示批示的重要实践，也是忠实践行“八八战略”二十多年来的杭州成果积蓄，所坚持的思路、理念和做法等经验，为全国、全省进一步推进共同富裕提供了具有重要参考价值的理论基础和实践指引。

一、坚持党的全面领导是推进共同富裕的根本保证

共同富裕是一个系统性工程。古今中外的实践都已证明，依靠市场自发贫富差距只会加大，也更不可能实现共同富裕。从杭州实践可以看出，共同富裕事业中发挥党和政府的领导，建立有计划、有组织地弥补市场在协调发展中的失灵机制至关重要。这表明，坚

持党的领导是促进实现共同富裕的重大原则问题，决不能有丝毫动摇。两年来，杭州始终把党的领导贯穿争当浙江高质量发展建设共同富裕示范区城市范例的全过程、各领域、各环节，尤其是在高质量发展、协调发展、共享发展，以及乡村振兴、居民就业、社会保障、民生改善、社会治理等方面，发挥了至关重要的作用。如在党建统领高质量发展方面，杭州市制定出台了《关于深化全市域党建联盟助力争当高质量发展建设共同富裕城市范例的指导意见（试行)》，持续强化党建工作在推进共同富裕重大任务、重要改革中的统领作用。在党建统领强村富民方面，杭州市不仅出台了《关于高质量发展打造共同富裕乡村范例的实施意见》，还专门召开党建统领助跑共富暨强村富民集成改革推进会，出台方案引导全市 13 个区县联合相关部门分类施策，要求把党的全面领导贯穿强村富民、共同富裕全过程，全面推进党建联建机制系统化、制度化、规范化。在党建统领社区治理方面，全面加强党对老旧小区改造和未来社区建设的领导，出台了《关于以党建引领高质量推进老旧小区改造提升的指导意见》，明确以旧改项目党组织为圆心，凝聚各方力量，旧改工作越做越顺。发布了《党建统领未来社区工作规范指引（试行)》和浙江省首个市级未来社区验收办法《杭州市城镇未来社区验收办法（试行)》，首次将党建考核纳入评分标准，旨在将党建工作贯穿到未来社区建设全过程，逐步打造“党建统领、多跨融合、数智赋能、共建共享”的治理新格局。从把“支部建在小区上”，全面推进小区党建，到“老旧小区改造到哪里，党组织就建在哪里”，再到加强社区功能型党支部和团组织的建设，打通了社区建设和治理“最后一公里”，社区治理和旧改取得了“看得见、摸得着”的成效。

杭州坚持党的全面领导，以党建工作一体化引领发展建设一体化、基层治理一体化，结合实际组建多种类型的党建联盟等实践经验，为浙江省乃至全国其他地区破解推进共同富裕存在的发展、服务、治理等的难点问题提供了有效路径借鉴。

二、高水平创新促进高质量发展是推进共同富裕的基础支撑

城市的共同富裕是建立在城市高水平发展基础上的。没有高水平创新就没有高质量的发展，更没有高共享的共同富裕。习近平总书记强调“在高质量发展中促进共同富裕”[①]，指明了高质量发展是促进共同富裕的基础。高质量发展是解决逐步实现共同富裕一切问题的基础和关键，实现共同富裕必须依靠高质量发展。在杭州争当浙江高质量发展建设共同富裕示范区城市范例过程中，高水平创新促进高质量发展是杭州范例的典型特征。杭州始终准确把握共同富裕与高质量发展的辩证关系，清醒认识要以高水平创新撬动高质量发展，突出强化科技自立自强，持续加大研发和创新投入，2022年，杭州研究与试验发展（R&D）经费支出占地区生产总值的比重达3.75%，居副省级城市前列。同时，强化国字号平台和高水平成果打造，积极争创综合性国家科学中心，实现生产效率持续提高，科技创新实力大幅提升，2022年实现国家创新型城市创新能力评价排名全国第三位，为建设世界一流的社会主义现代化国际大都市提供强大科技支撑。

---

① 《习近平谈治国理政》第四卷，外文出版社2022年版，第144页。

杭州一心一意谋发展，在大力推进高质量发展中做强共同富裕物质基础的实践经验，是在实践、认识、再实践、再认识的反复探索中掌握共同富裕的规律，既表明实现共同富裕是一个长远目标，需要一个过程，不可能一蹴而就，唯有主动出击、积极应对，才能化危为机、善作善成；也表明以高质量发展做大"蛋糕"是实现共同富裕的最强基石。同时，杭州以高水平创新促进高质量发展的实践经验也为浙江省乃至全国其他地区处理高质量发展与共同富裕关系、培育经济发展新动能助力共同富裕提供了模式路径参考。

三、统筹运用系统论和重点论是推进共同富裕的基本方法

共同富裕是一场全方位、系统性的社会变革，涉及经济社会发展各个方面，是一项政治性、政策性、专业性都很强的复杂工作和开创性事业。推进共同富裕，既不能"眉毛胡子一把抓"，也不能无的放矢。杭州市县与县、县与区、区域内部之间差异较大，这也给杭州共同富裕建设带来了更大的复杂性。在争当浙江高质量发展建设共同富裕示范区城市范例过程中，杭州既牢固树立"一盘棋"的系统思维，把推进共同富裕作为一个整体加以谋划、推进和实施；又紧紧围绕主要矛盾和中心任务，着力突破重点领域和关键环节。如在构建系统工作推进机制方面，杭州市以系统性思维整体推进共同富裕的组织领导、政策制定、资源配置、改革导向、绩效评价等，建立杭州市争当浙江高质量发展建设共同富裕示范区城市范例领导小组常态化会议推进机制，形成了以"四横""四纵"为核心的高质量发展建设共同富裕示范区系统架构图，构建了

“统筹抓总、横向协同、纵向联动”的工作机制。在重点任务突破方面，杭州强化推动两点论与重点论相统一，聚焦关键领域突破，《杭州争当浙江高质量发展建设共同富裕示范区城市范例的行动计划（2021—2025年）》提出推进“七个先行示范”、打造“七个省域范例”任务要求，并在中共杭州市委十三届二次全会提出率先探索五条具有普遍意义的共同富裕和现代化路径，并从十个方面作为切入点，推动打造形成了一批具有“杭州辨识度”的共富标志性成果。

杭州善用系统论和重点论推进共同富裕的实践，充分体现出了全局性、整体性和突出性、重点性相结合的特点，启示我们推进共同富裕牵一发而动全身，既要坚持和运用系统思维，全面推进政治、经济、社会、文化、生态等各方面的互动协同，同时也要强化重点突破和示范引领，注意区分层次、分类指导，把顶层设计、总体目标和重点任务结合起来，做到“立治有体、施治有序、重点突出”，才能形成强大合力，加快推进共同富裕。

四、制度性改革创新是推进共同富裕的内生动力

共同富裕是一场以缩小地区差距、城乡差距、收入差距为标志的深刻社会变革，需要充分发挥各方各面的优势和力量，找到落脚点，蹚出新路子。没有改革就没有真的变革。从杭州案例看，改革自始至终是推进共同富裕建设向前的关键性手段。在杭州争当浙江高质量发展建设共同富裕示范区城市范例过程中，杭州突出改革创新，把缩小“三大差距”作为主攻方向，以数字化改革为牵引，探索一系列制度创新，形成了一批推进共同富裕的新模式新路径。如

聚力缩小地区差距，杭州强化推进东西协作，全面推动城区与山区 4 县（市）产业共兴、飞地共创、项目共引等“10 个共”协作帮扶，同时深化区县（市）协作、联乡结村、镇街结对帮扶机制。聚力缩小城乡差距，杭州深化新时代乡村集成改革，启动实施闲置农房激活计划，加快建设未来乡村，实施一批“产业大脑 + 未来农场”项目，探索形成具有杭州特色的数字乡村、未来乡村建设模式。聚力缩小收入差距，杭州实施就业保障提质、农民增资增收、分配机制完善、人力资源开发、兜底帮扶提质、公共服务减负和社会氛围营造八大行动，同时建立统筹协调、组织推进、督导检查和社会评价的闭环管理推进机制，着眼全局、统分结合，多管齐下、同向发力，确保共同富裕蓝图落地见效。杭州持续地、逐步地缩小地区差距、城乡差距、收入差距，着力提高了发展的平衡性和协调性，切实让发展成果更多更公平地惠及全体人民。

杭州以缩小地区差距、城乡差距、收入差距为三大主攻方向，探索形成推进共同富裕的新机制、新模式等实践，充分发挥了数字化改革的牵引撬动作用，特别是从开展共同富裕机制性创新探索，到推动政策制度落地见效，有效破解了部分共同富裕相关领域的体制机制障碍，极大激发了促进共同富裕的动力、活力和效能。

五、以人民为中心是推进共同富裕的出发点和落脚点

共富的城市一定是人民群众共建共创共享的，人民群众是共同富裕的出发点和落脚点，更是共同富裕创造的真正主体。实现共同富裕的根本前提是要共同创造、共同建设、共同奋斗，并且在共建中实现全民共享。只有人人参与、人人尽力，才能真正实现人人享

有。杭州争当浙江高质量发展建设共同富裕示范区城市范例，始终坚持人民至上、群众所盼，把增进人民群众福祉，作为促进共同富裕的出发点和落脚点，同时强化全社会共同参与，着力形成推进共同富裕的强大合力。如在以人为本推动美丽城镇建设方面，杭州紧紧围绕“功能便民环境美、共享乐民生活美、兴业富民产业美、魅力亲民人文美、善治为民治理美”的“五美”目标，强化以人民为中心的工作重心和目标，积极拓宽美丽城镇的发展和服务边界。在公共服务普及普惠方面，杭州高水平建设“一老一小”友好型社会，做实做细“老有所养”“学有所教”“病有所医”等，着力解决制度性缺陷、补齐短板和协同推进相关配套改革，绘就群众看得见、摸得着、真实可感的幸福图景。在居民幸福共同体建设方面，杭州以高水平打造共富城市基本单元为抓手，在全省率先建立大专班工作机制，率先形成未来社区建设和城乡风貌整治提升的顶层设计、政策方案，形成可持续、可复制、可推广的杭州未来社区建设模式。在强化企业参与共建方面，在推进共同富裕示范区城市范例建设的两年来，越来越多杭州企业主动作为，在稳定经济增长、增加就业、改善民生等方面发挥积极作用，为杭州迈向共同富裕提供更多助力。

杭州坚持共富路上“一个都不能少”的做法启示我们，人民是共同富裕的实践主体，围绕促进共同富裕所实施的工作重点必须始终坚持以人民为中心，要围绕人民群众最关心最迫切的领域，强化先富带后富、先富帮后富，把持续推进城乡基本公共服务均等化、加快城乡社区现代化建设、优化农村软硬环境等作为促进共同富裕最重要最具体的出发点和落脚点，同时强化共同参与、共建共享，不断增强人民获得感、幸福感、安全感，满足人民对美好生活的向往。

六、人与自然和谐共生是推进共同富裕的基本要求

坚持生态文明下的共同富裕体现了富裕的更高层次和可持续水平。共同富裕，不仅在于广大人民群众的“口袋”“脑袋”富起来，更需要与我们赖以生存的具有命运共同体的生态环境美起来。在杭州争当浙江高质量发展建设共同富裕示范区城市范例过程中，坚持把良好的生态环境作为最普惠的民生福祉，实现全市生态文明共建共享氛围浓郁。如在美丽杭州建设方面，杭州以钱塘江、富春江、新安江为轴线，联动运河、苕溪，串联山水资源，统筹自然水系、山体、湿地、绿地等生态资源，在多中心、多组团、多节点之间构建绿色开敞空间和生态安全屏障。同时，持续开展湿地保护修复工程，着力完善湿地保护制度。在助力全面绿色转型方面，杭州通过抓好能源、交通等六大重点领域绿色低碳转型，深化各类低碳（零碳）示范创建，倡导绿色低碳生活方式，助力有序推进碳达峰碳中和。在生态环境数字化方面，杭州市按照“一张图”理念，率先构建“生态智卫”大场景，建成空气卫士、秀水卫士、督察在线、环保智管服等应用场景，实现生态环境底数清、风险清、动态清、能监测、能预警、能处置。两年来，生态共富，大美杭州，已从一个点辐射到全区域，形成了一批可复制可推广的生态“共富”案例，在生态文明方面起到了很好的综合引领、示范标杆作用。

杭州探路生态共富，坚持共同富裕的“绿色”底色等实践，不仅对浙江高质量发展建设共同富裕示范区举足轻重，对全国共同富裕也具有重要的示范借鉴价值。也启示我们，共同富裕和生态文明

建设是中国式现代化的“鸟之两翼”，两者互为一体、相互促进，在推进共同富裕过程中，要坚持一张蓝图绘到底，把生态文明建设纳入经济社会发展全局，顺着“绿水青山就是金山银山”的路子走下去。

迈向共同富裕是一项久久为功的开创性任务，急不得、也慢不得。每一个城市实现共同富裕，都因其区位、资源禀赋以及发展路径选择导致其有着自身的特殊性。杭州市有 16596 平方公里的面积，具备了城乡、山海（杭州湾）等复杂特征，既有超大规模大都市区，辐射 5 万平方公里范围的杭州都市圈，又有偏远山区小县城；既有城市共富，又有乡村振兴；既有现代引领，又有传统创新。这增加了共富的难度，但也彰显了杭州共富范例的普遍性意义。继往开来，杭州努力打造全域协同共同富裕的城市范例，对于在全国探索具有普遍意义，对可复制可推广的共同富裕和现代化路径有着深刻样本意义。杭州要打造城市共富的范例，尤其要发挥杭州数字经济发达、历史人文厚重的独特优势，在数字文明和新时代文明风尚上作出示范，创新数字文明制度，引领新时代文明风尚，建设一座全域文化繁荣、全民精神富有、生活幸福的一流历史文化名城，充分彰显城市共同富裕的独特韵味、别样精彩。

第四章

义乌高质量发展共同富裕建设成功实践及启示

义乌市域面积1105平方公里，中心城区建成区面积114.5平方公里，下辖6镇8街道，共有442个行政村、102个社区。全市常住人口190.3万，居浙江省县级市第一。义乌是《共产党宣言》中文全译本首译地。改革开放以来，义乌赓续红色根脉，坚持和深化“兴商建市”发展战略，走出了一条富有自身特色的区域发展道路，成为改革开放全国18个典型地区之一。习近平同志曾先后12次到义乌视察指导工作。2002年12月，习近平同志在大陈镇大陈二村考察调研时指出：要把城乡作为一个整体来考虑，促进城乡融合、共享现代文明。[1]2006年，习近平同志亲自总结推广“义乌发展经验”，对义乌国际贸易综合改革等工作多次作出重要指示批示。2023年9月，习近平总书记第13次到义乌调研视察，在后宅街道李祖村考察调研时指出：李祖村扎实推进共同富裕，是浙江“千万工程”显著成效的一个缩影，要再接再厉，在推动乡村振兴上取得

① 《全面小康一个也不能少——习近平总书记在浙江的探索与实践·协调篇》，《浙江日报》2017年10月7日。

更大成绩。[①] 乡村振兴潜力无限、大有可为，乡亲们要努力奋斗，一起奔向共同富裕的美好明天。

第一节　义乌推进共同富裕实践的基础和优势

义乌坚持以习近平新时代中国特色社会主义思想为指导，坚定不移深入实施“八八战略”，坚持和深化“义乌发展经验”，世界小商品之都建设迈出坚实步伐。义乌市推进共同富裕有着良好的基础和独有的优势。

第一，义乌市域人口总量较大。2023 年年末，义乌常住人口为 190.3 万人，是浙江省人口最多的县级城市，第七次全国人口普查将义乌列为Ⅱ型大城市。登记在册人口 293.9 万人，其中流动人口 201.5 万人，位列全省各区县第一，户籍人口 92.4 万人。

第二，经济发展实力厚实。2023 年全市完成地区生产总值 2055.6 亿元，增长 8.0%；一般公共预算收入 144.3 亿元，增长 8.6%；规模以上工业增加值 265.3 亿元，增长 6.8%；固定资产投资 830.9 亿元，增长 20.2%；出口 5005.7 亿元、进口 654.8 亿元，分别增长 16.0%和 38.7%，出口超全国 21 个省份；城乡居民人均可支配收入为 93108 元和 50828 元，分别增长 7.1%和 8.0%。

第三，市场贸易较为发达。义乌市场汇集了 26 个大类的 210

---

① 《始终干在实处走在前列勇立潮头　奋力谱写中国式现代化浙江新篇章》，《人民日报》2023 年 9 月 26 日。

多万种商品，与全国 280 多家市场建立联系，20 多个省区市消费品产业集群与义乌耦合，集聚带动全国 210 万家中小微企业发展、促进 3200 万人就业创业。义乌市场与 230 多个国家和地区有贸易往来，被联合国、世界银行等权威机构誉为全球最大的小商品批发市场。义乌中国进口商品城等平台引进 100 多个国家和地区的 15 万种境外商品，初步形成了“买全球、卖全球、买卖全球”格局。

第四，城乡融合度较高。早在 2002 年，义乌就制定实施了《新农村建设二十条》，全面推进“小五化”（道路硬化、路灯亮化、卫生洁化、家庭美化、环境优化）、“大五化”（农业产业化、工业园区化、农田标准化、农民知识化、城乡一体化）建设，开展省级统筹城乡综合配套改革试点，推动农村向社区、农民向市民转变。2012 年至 2017 年，义乌加快农村更新改造，以城乡新社区集聚建设为抓手，探索农民住房保障多种实现形式，实施国家级农村土地制度改革试点。2017 年以来，义乌推进缩小城乡差距省级试点，实施强村富民乡村集成改革，全域打造未来乡村，努力探索以城乡融合促共同富裕的“义乌模式”。二十多年接续奋斗，义乌城镇常住居民人均可支配收入增长 6.3 倍，农村常住居民人均可支配收入增长 8.3 倍，城乡居民收入比从 2.24 下降到 1.83，城镇化率从 50%上升至 81.6%。

第二节　义乌推进共同富裕的基本实践

扎实推进共同富裕是一个集成系统的历史过程，在现阶段实践中必须坚持问题导向、突出重点，以改革创新为根本动力，以解决地区差距、城乡差距、收入差距问题为主攻方向，各类资源、各种政策、各项工作，要更加注重向农村、基层、相对欠发达地区倾斜，向困难群众倾斜，在高质量发展中扎实推进共同富裕，不断增强人民群众的获得感、幸福感、安全感和认同感。义乌市在推进共同富裕实践中，重点聚焦在以下五个领域。

一、聚焦城乡融合，推进强村富民集成改革，着力缩小城乡差距

（一）实施城乡规划建设一体化

义乌坚持以“一个市”理念深化构建市域一体化空间格局。完善分级分类型、全域全要素、全程全方位的“多规合一”国土空间规划体系，重塑市域生产、生活、生态空间格局。“十四五”以来，义乌持续推进城乡品质提升，以东大门、西大门、双江湖新区、高铁新城、义乌植物园、中心城区为节点的“东西南北中”大城市框架全面打开，推动义东打造福田、廿三里、江东街道全面融合的新片区，义西建设进口转口和物流的产城融合新片区，义南建设高教、科研、文旅产业集聚的双江湖新区，义北建设光电智造新片区，以深化建设华溪、南江、德胜岩等自然保护地为抓手深化三大生态片区建设，全面推动中心城区扩容升级，城市建成区面积在全省县市中位居前列。此外，全省第二大的高铁站加速蝶变，金义东轨道金义线、义东线开通运营，浙江大学国际健康医学研究院一期、二期投入使用。

（二）开展农村集成改革

义乌以两轮全国农村土地制度改革为契机，全面深化农村宅基地制度改革、农业标准地改革、农村集体经营性建设用地入市改革，全力打造城乡融合共富样板。义乌宅改等工作获省部级以上领导批示肯定 13 次，相关改革经验写入《中华人民共和国土地管理法》和中央一号文件，农业标准地改革经验写入《浙江省土地管理条例》并在全省推广。深化农村宅基地改革，累计实施农村有机更新 126 个村，惠及农户 3 万户；实施新社区集聚 82 个村，惠及农户 3.1 万户；发放农房抵押贷款 4.13 万笔 395 亿元。首创农业标准地改革，累计建成农业标准地 10 万亩，引进新型农业主体 225 个，主要农作物耕种收综合机械化率达到 80%，土地亩均产出率增长 58.9%。探索集体经营性建设用地入市改革，累计完成入市 57 宗，盘活土地资源 395.5 亩，成交价款 4.17 亿元，村集体直接收益 2.09 亿元，每年带动农民增收超 1.5 亿元。义乌集体经营性建设用地入市改革入选自然资源部典型示范案例试点地区名单和全省共同富裕典型经验。

（三）激活村集体经济发展引擎

义乌坚持“党建统领、产业驱动、市场运作”，持续推动村集体经济高质量发展。2023 年，义乌 442 个行政村经营性收入全部达到 50 万元以上，216 个行政村经营性收入达到 100 万元以上，占比达到 48.9%。打造“1+10+N”党建共同体，市级层面组建 1 个联建共富平台，依托十条美丽乡村精品线打造 10 个乡村振兴联合体，推进 N 个党建助推农村发展项目，实现党建互动、资源互融、成果互享。打造“国企+镇街”结对发展联合体，统筹全市12家国企与12个乡镇（街道）结对，通过精品线产业植入，谋划实施优质大项目。科学制定“一村一策”有效盘活村级闲置资源，探索多元化、差异化集体经营性收入“开源”路径。坚持“项目为王”理念，谋划实施市级、多镇街联建及村级自建优质大项目，做实村集体经济发展。深入实施金融服务乡村振兴战略，鼓励金融机构为村集体经济发展提供有针对性、差异化的金融服务。

（四）打造“国企+乡村精品线”建设模式

2017年，义乌制定出台《关于进一步明确市属国有企业结对共建美丽乡村有关事项的通知》，创新国企结对共建机制，以8家国企为投资主体和建设主体，实施10条美丽乡村精品线的基础设施建设，并与沿线镇村合作发展乡村产业，实现国企资源与美丽乡村有机融合、合作双赢。结对建设以来，八大集团作为精品线相关项目的投资主体和建设主体，分别成立了具体负责精品线建设和旅游开发的子公司，全面深入参与规划编制、基础建设和沿线招商等各项工作；镇街开展沿线村庄星级村创建及环境整治，并负责精品线沿线的土地流转、征迁、政策处理等工作。结合农村四好公路建设，利用三彩线将10条精品线进行串联，形成总长280公里的市域美丽乡村大环线，打造乡村振兴的风景线、产业线、致富线，以点带线、连线成片带动全市美丽乡村集成发展。注重建营并进，引进培育了小六石亲子项目二期、小动物山谷项目、领袖至尚农旅军事文化体验园等较大农业产业项目，义乌“国企+乡村精品线”建设模式成功入选第一批国家新型城镇化综合试点经验。

（五）推动欠发达镇跨越式高质量发展

义乌聚焦缩小区域差距，针对上溪、大陈、义亭和赤岸四个相对发展落后镇，先后制定出台《义乌市四个加快发展镇跨越式高质量发展实施方案（2023—2025年）》《关于支持四个加快发展镇跨越式高质量发展的十条意见》等政策文件。开展四镇国土空间规划编制工作，在国土空间规划中适当扩增四镇城镇开发边界。扩大投资力度，2024年四镇计划实施类重点建设项目44个，其中新建项目20个，年度计划投资60亿元以上。推动产业转型升级，迭代完善技改补助政策，先后招引落地正泰、欣旺达、华统食品等省级重点产业项目。

二、聚焦扩中提低，打造就业创业友好型城市，着力缩小收入差距

（一）构建高校毕业生就业创业高质量服务体系

义乌坚持就业优先战略，聚焦高校毕业生这一“扩中”“提低”重点群体，全力做好就业全周期扶持、创业全链条孵化和服务全业务贯通，营造“零门槛”“零成本”“零距离”宜业生态，每年共引进高校毕业生4万人。建立涵盖全市40万人才的引才数据库，绘制“人才流动热力地图”，分高校、分行业、分企业开展“线上＋线下”招聘活动，促进人岗精准对接。为高校毕业生“量身定制”免费食宿、交通补贴、生活补贴等来义就业全周期帮扶政策，构建“一周免费住、三年半价租、购房直接补”的

人才住房体系，落实大专以上人才子女入学全保障，解决高校毕业生来义就业后顾之忧。开展“创业一件事”改革，健全创业失败保障机制，给予高校毕业生最高 50 万元的个人无息贷款和 300 万元的创办企业贴息贷款，实现创业关联事项一张表申请、一次性办结。上线“义乌 i 人才”数字应用，整合全市 15 个部门 54 项人才服务事项，开发“智配直享”“热门服务”“政务服务”“生活服务”四大功能模块，拓展“人才码”就医、出行、娱乐等线下应用场景，高校毕业生服务事项基本实现零跑腿、掌上办。

（二）构建青年农创客培育机制

义乌创新农创客培育机制，招引青年人才返乡就业创业，带动农民增收致富。依托 10 条总长 280 公里的美丽乡村精品线，通过盘活闲置农房、土地等方式，沿线布局农创客基地、农业园区 15 个，拓展各类农创空间 1.5 万余平方米，将其打造成为招引培育农创客的主阵地。成立市镇两级农创客发展联合会，农创客联合会常态化开展农创客集市、创客沙龙等活动，为农创客搭建技术分享、项目合作的平台。依托森山健康小镇、李祖村等农创空间，建设农创客培训基地、农民田间学校，开发乡村治理、农产品电商、乡村主播等特色培训课程，常态化开展农创客“订单式”培训，满足农创客群体在新环境下的新需求。创新“农创客 + 创业大赛”模式，充分发挥统战、共青团、妇联、银行、高校等党政事业单位力量，举办各类面向农创客的创业创新大赛，形成项目培育名单，吸引社会资本注入，推动农创客项目成果转化。

（三）开展新就业形态劳动者社会保障集成改革

义乌以新业态从业人员职业伤害保障改革作为维护新业态从业人员劳动权益保障突破口，通过创新认定规则、参保模式、缴费模式，按重点推进、分类实施的思路，扎实推进改革创新，助力新业态劳动者留义乐业、共建共富。创新认定规则，明确新业态从业人员因工作遭受事故伤害的均按《工伤保险条例》等规定执行。合理扩展工伤认定“三工”原则应用，工伤认定时充分发挥平台作用，将平台派单、接单记录作为重要依据。探索建立“1+1+X”参保模式，依托工伤、商业保险，实现政府、商业保险公司与企业三方共担，保障从业人员合法权益。

（四）“乡贤＋创业大赛”模式

义乌出台《关于成立乡贤组织助力乡村振兴的实施意见》，分层分类建立乡贤组织。成立世界义商总会和 21 家海外义乌人联络站，在全市所有 14 个镇街成立镇街乡贤会，在条件成熟的 94 个村（社区）成立村级乡贤会，在重点镇街成立新义乌人乡贤分会，市、镇、村三级乡贤网络基本成型。2019 年以来，连续举办五届世界义乌人大会，共邀请各领域乡贤 1750 余人聚集家乡，共谋义乌发展。以“乡贤助共富创业创新大赛”为载体，通过项目库选优培育和面向社会征集相结合的方式，搭建乡贤和农村、乡贤和项目的对接平台，挖掘选拔一批有较高成长潜力和可操作落地的优秀乡村振兴项目，引导乡贤资源嵌入乡村产业发展。首届义乌“农商杯”乡贤助共富创业创新大赛共征集乡贤项目 95 个。建立“乡贤小组＋村（社区）＋低收入农户”帮富创富帮共体，乡贤小组由 3—5 名乡贤组成，每组结对 1 个村（社区）和 10 名低收入家庭，通过向低收入家庭提供公益性岗位、技能培训、公益种植、来料加工等举措，助推富余劳动力转移就业，着力提升村集体经济水平和助力低收入农户增收。

三、聚焦区域协调，发挥市场和城市辐射带动，着力缩小地区差距

（一）发挥小商品市场共富效应

创新跨区域“贸工联动”模式助力特色产业集群发展，打造“两头在内、中间在外”的产业发展模式，即由本地市场主体提供样品，委托外地企业加工制造，再由义乌场进行销售，带动永康五金、诸暨袜类、江西陶瓷、福建服装等省内外 20 多个特色产业集群发展。不断提升物流枢纽能级放大市场溢出效应，构建覆盖全国 1500 多个县级以上城市、全球 700 多个枢纽城市的物流网络，形成物流价格洼地，带动周边地区的电子商务、跨境电商、直播电商等新业态经济快速发展。义乌场经营主体总数超 100 万，占浙江省的 1/10，关联全国 210 万家中小微企业、3200 万产业工人，快递业务量仅次于广州，位居全国城市第二。

（二）百县万品消费助农模式

义乌创新性提出面向中西部欠发达地区开展综合性协作帮扶“百县万品”项目，即通过“1+1+X+Y”消费助农工作义乌新模式，全面整合东西部帮扶协作、山海协作、对口支援、对口合作和

结对帮扶等工作，从而打造出一个企业主导、面向全国、连接产供销、线上线下融合、服务配套齐全、平台功能突出的综合性协作帮扶生态体系。项目帮助中西部欠发达地区上万款产品以义乌为支点撬开广阔的外部市场，让当地农户拥有了畅通稳定的销售渠道。截至目前，百县万品消费助农展销中心累计上架产品 1.4 万款，项目累计实现消费助农规模 18 亿元，每年至少能带动新疆、甘肃、四川等地 5000 个农村家庭增收 5000 万元。

（三）来料加工带富模式

2022 年，浙江省巾帼共富工坊服务中心在义乌正式揭牌成立，义乌发起“巾帼义同创”行动，以高质量发展来料加工产业为载体，为浙江省内山区 26 县以及全国欠发达地区妇女搭建平台，打造千万妇女“家门口”共富圈。强机制搭平台，探索开展跨地区、跨领域党建联建，与省内山区 26 县建立联合帮扶机制，创新“1+X+Y+N”联建组织架构，助力全省各级 684 个巾帼共富工坊建设，打造共同富裕联合体促进资源共享。组织“巾帼帮帮团”走进欠发达地区开展“一县一策”线下订单精准输送，推动“巾帼共富工坊”数字化平台线上订单资源无缝对接，线上平台发布义乌场加工发单信息 1800 余条。创新以“中国结”“饰品珠”为切入点的“一根红线”“串珠引线”等特色培训模式，承办全国 160 个乡村振兴重点帮扶县培训班、全省优秀来料加工经纪人培训班，提供服务支撑。强化数智赋能，实施“巾帼云创”行动，打造 12 家巾帼直播基地和 58 个共享直播间，举办“奔跑吧主播”千人集训营，帮助 10 万余名主播实现云上销售。与省内山区 26 县签订战略合作协议，推动义乌场 46 个行业商会 10 万市场主体靶向支持来料加工产业，助力全省 1.46 万个来料加工点发展，带动全省 1.35 万来料加工经纪人、53 万从业人员创业增收。义乌外发省内山区 26 县来料加工费 11.7 亿元，带动 3 万余名妇女创业就业，人均月增收 2500 元。

（四）义乌莲都山海协作

义乌、莲都两地充分发挥各自优势，积极开展多类型、多层次、多领域合作，取得了显著成果。创新打造“科创飞地”，2021 年年初在义乌金融商务区开工建设的莲都大厦，是目前全省投资最大的金融科创飞地项目，围绕先进制造业桥头堡、新经济新业态增长极、莲都产业发展孵化器、丽水侨商大本营、丽水文化展销窗口“五大定位”，重点引进科创、金融、数字经济、时尚、先进装备制造、食品生物医药健康等战略性新兴产业，叠加义乌自贸试验区和山海协作“飞地”两大政策红利，推动形成创新研发销售在义乌、生产制造在丽水的协同产业链。做大做强产业园，加快推动莲都—义乌山海协作产业园高质量发展，通过产业层级提升、产业链条拓展、全产业链招商、园区基础设施提升等手段，打造以装备制造、时尚轻工、生命健康为主导产业的百亿产业集群，助力莲都“腾笼换鸟”“筑巢引凤”。

四、聚焦优质共享，实施公共服务扩面提质，着力保障改善民生

（一）长期护理保险制度改革

2018 年，义乌正式纳入浙江省“富民惠民安民行动计划”长

护险试点范围，作为国家长护险建设重点联系城市和本市十大民生实事之一，同年 9 月开始试点长护险制度。试点以来，义乌针对长护险运行过程中存在的政策覆盖不广、失能评估不准、照护队伍不稳、服务监管较难等难点问题，积极探索创新“四个一”工作法，通过“一套体系、一项标准、一支队伍、一张网络”，有效保障失能人员基本生活权益，减轻失能家庭护理负担。以国内知名专家学者调研成果为基础，结合义乌实际，形成了实施意见 + 实施细则 + 失能评估、定点管理、护理服务等管理办法的“1+1+3”政策体系。坚持标准立规，结合市情实际，与国家技术标准创新基地（义乌）合作率先制定《长期护理保险管理与服务规范》系列标准，其中《失能评估管理要求》突出过程管理，实现失能评估通过率和重度失能率双控目标。做实精准核对，通过“大数据运算 + 实地走访”，从上一年度长护险缴费、待遇支付等基础数据中掌握新增失能人员信息，通过走访收集辖区失能人员的长期护理需求。根据护理所需专业性，组建生活照料、医疗护理两支照护队伍，相关护理人员均需取得健康证及相应职业资格证书。推出照护服务菜单，涉及生活照料 40 个和基本医疗护理 28 个服务项目，并提供个性化定制护理服务包。

（二）优化居家养老智慧助餐服务

义乌创新工作方法，多措并举在实现助餐服务城乡全覆盖的基础上，通过数字赋能，用“一张图、一张脸、一张网”让老年人吃上饭、吃好饭，给老年人带来满满的获得感、幸福感和安全感。2020 年以来新建居家养老服务照料中心（站）167 家，全市已累计建成居家养老服务照料中心（站）514 家，除因有机更新等缓建村居外，实现助餐、配送餐服务城乡全覆盖。在财政支持上，义乌建立起市、镇（街）、村（社区）三级财政补贴机制，对不同年龄、不同情况的老年人提供就餐补助。在服务模式上，义乌建立起一套“中央厨房 + 社区助餐点 + 送餐上门”的老年人助餐服务体系，以让每一个老年人就近用餐为原则，以社区为单位，以中央厨房为圆心，向周围居家养老服务照料中心（站）辐射送餐，对行动不便的老年人采取送餐上门的方式，保证所有老年人吃上饭、吃好饭。义乌搭建了统一的智慧养老信息平台“怡养义乌”，将所有开展助餐的点位以数字化的方式展现在平台上，形成一张全市范围的助餐服务点地图，老年人本人或者亲属及联络人打开与智慧信息平台关联的 App 或者小程序，即可根据定位查看距离最近的助餐点，就近就便享受助餐服务，解决了老人和助餐点间信息不畅通的难题，部分老年人由于身体原因不便外出，也可以在 App 上选择配送上门的服务，不出家门也一样可以吃上饭，解决行动不便的老年人“最后一百米”用餐问题。

（三）做优儿童健康服务

义乌将“幼有善育”作为推进人口高质量发展的重要举措，对标浙江省公共服务“七优享”工程要求，聚焦生育难、养育难等重点问题，以项目支撑、品牌打造和要素保障为抓手，全力构筑“全方位”儿童健康服务网络，全面实践“全周期”妇幼健康服务机制，全速推进普惠托育服务城乡“全覆盖”，逐步实现善育服务均衡可及、优质共享。建成 14 个医防护儿童健康管理中心，打通 3 个医共体、4 个儿科联盟下沉资源，全面整合提升原有儿童医疗和预防保健服务，拓展增加婴幼儿养育照护服务功能，在 14 个镇街卫生院规范化、标准化设立“医、防、护”三位一体儿童健康管理中心，一站式提供综合性医防融合服务。义乌“医、防、护”儿童健康管理中心建设标准已成为浙江省推广复制模板。出台《义乌“十四五”教育设施布局规划》，系统谋划支持有条件的幼儿园向托班延伸，增加托班规模，持续深化在培育理念、发展模式、课程设置等方面的创新探索。如，义乌小玩国幼儿园托育部，秉持“自在玩、自然得”养育理念，注重内涵品质发展，关注生活对于幼儿发展的价值，通过构建无边界的游戏场景、生活化的课程生态、有温度的情感链接，促进婴幼儿全面健康成长。

（四）打造城乡教育共同体

义乌在全省各县市中率先构建城乡教共体建设体系，早在 2009 年就正式启动集团化办学。2019 年 9 月，义乌优化顶层设计，制定下发《关于深化集团化办学促进义务教育优质均衡发展的实施意见》。2020 年 6 月，出台《关于进一步推进义务教育集团化办学的补充意见》，提出“紧密型教育集团”“城乡教共体”“区域教育联盟”三种城乡共建模式。构建“1+3”线上线下融合的工作新体系，“1”是指建设一个市域“线上教共体”，通过“全连接智慧教育大数据系统”，汇聚同步课堂教学资源、精品微课、名师示范课等优质教育资源；“3”是指线下创新开展好“V 字型”教育集团、“互补型”城乡教共体、“雁阵型”教育联盟三种富有地域特色的集团化办学模式。2020 年年底，浙江省教育厅下发《关于新时代城乡义务教育共同体建设的指导意见》，参照义乌三种模式，提出“融合型”“共建型”“协作型”三种教共体类型。推动城乡教师资源均衡配置，鼓励引导城区骨干教师到农村薄弱学校任教；将城区优质学校符合交流条件的教师中骨干教师的比例提高至15%以上。完善对农村教师激励机制，长期在农村和艰苦偏远地区任教的教师，在职称评审时予以倾斜，对下乡交流的骨干教师双倍发放骨干教师奖励。

（五）推进青少年精神富有

义乌围绕青少年精神富有这一时代课题，积极探索建立多方协同机制，精心构筑活动品牌体系，让21万“城里孩子”和“乡下孩子”、本地居民子女和外来建设者子女共同享有公共文化服务，受到了社会的热烈欢迎和高度评价。建设青少年文旅教育“示范点”，利用义乌文化广场（文化馆、非遗馆、青少年宫）、望道展示馆、细菌战陈列馆等文化设施，国际商贸城、森山健康小镇等旅游景点打造青少年文旅教育实践基地。打造区域文化中心“集合地”，推动非遗传承人、文化能人等资源落户城市书房、文化驿站、乡村博物馆等公共文化空间，推出义亭缸窑村等代表性区域文化中心，“花开四季”课外公益学堂、展览讲座等活动遍布全市各镇街。成立市级儿童青少年心灵成长中心，指导协调全市少年儿童心理健康工作，在全市公办学校设立标准化心理辅导室，实现公办中小学100%全覆盖率。深化陈望道、吴晗、冯雪峰等革命人物事迹、革命历史故事的发掘、整理、讲解。推进“艺术普及进校园”活动，持续深化“雏鹰计划”“非遗进校园”“戏曲进校园”“文博展览进校园”等品牌活动。

五、聚焦整体智治，完善治理体系，着力推进社会治理能力现代化

（一）创新涉外管理服务

近年来，义乌设立全国首家涉外纠纷人民调解委员会（以下简称“外调委”），聘请在义经商的外商担任“国际老娘舅”，创新开展“以外调外”解纷工作法，有效把国际贸易带来的涉外纠纷化解在市场、消解在萌芽。目前，组建了一支来自 13 个国家的 14 名外商调解员队伍，实现英语、俄语、阿拉伯语等世界 9 大主要语种全覆盖，并聘请其中 3 名法律素养好、具有丰富调解经验的外商调解员为“首席外籍调解专家”。外调委将涉外人民调解与民商事审判及诉讼调解有效衔接，与义乌法院、宁波海事法院分别合作设立“诉调对接中心”，由专业法官为中外调解员提供法律指导，并引导当事人落实人民调解司法确认制度。加强多元法治文化交融，组织中外调解员、留学生等参与诚信打卡、平安市场创建等活动，在提升法治素养的同时传播中国兼容并包的“和”文化，感受“诚信包容”的义乌精神，促进多元文化交流融合。

（二）创新社会治理

深入推进平安义乌建设，主动防风险、保平安、护发展，各项工作有序推进，实现平安义乌“十四连创”。狠抓流动人口整治，整合多方数据应用，全链条打造流动人口系统治理综合集成应用，提升流动人口管理数字化水平。常抓矛盾纠纷排查，深化“警源治理”，针对易“民转刑”“民转命”等领域，集中排查

各类重大矛盾纠纷，积极构建由社会治理中心调解、事权部门处置、镇街领导协调会商、市综治协调会商的多级调处机制，强化“四级联动”，坚决遏制“民转刑”“民转命”案件发生。迭代升级“141”体系，划分网格1936个、微网格7635个，出台《义乌市专职网格员星级管理办法（试行）》，规范全市网格员考核及退出制度，完善网格员保障体系。网络信用“十二分制”、江北下朱“互融互促”党建工作法等得到省委宣传部充分肯定，“E路说法”网络普法工作在全省网络普法基地建设座谈会上作典型发言，“义网智靖”网络舆情联管联应用被省委宣传部评为全省数字文化系统优秀应用。

第三节　义乌推进共同富裕的主要成果

一、缩小城乡差距入选共同富裕省级试点

2021年7月，义乌“以宅基地改革2.0版为突破打造城乡融合共富样板”入选省共同富裕首批试点以来，按照“规划一体、服务一体、改革一体”总体思路，以宅基地改革为核心，着力缩小城乡收入差距，以农业标准地改革和农村集体经营性建设用地入市改革为牵引，坚决守牢农业基本盘，激发农村发展活力，以公共服务优质均衡和基础设施城乡一体为支撑，更好满足群众对美好生活的需要，探索形成了一系列具有首创特征、能解决普遍问题、在全国得到复制推广的标志性成果。

（一）城乡产业融合发展水平显著提升

构建现代农业体系，建成“双强”农业示范畈 19 个、省级农事服务中心项目 1 个，成功创建省级特色产业（畜牧业）农业“机器换人”高质量发展先行县。推动“一镇一特色”产业发展，基本形成苏溪光电信息、大陈服装设计制造、赤岸汽车新能源、上溪模具加工、义亭化妆品等特色产业，其中苏溪镇建成省级智能显示材料“万亩千亿”产业平台，赤岸镇建成省级绿色动力小镇。大力发展农村电商，累计培育电商村 226 个，成为全国最大的电商村集群。

（二）城乡基础设施一体化高水平推进

推进城乡交通运输一体化建设，基本实现镇镇通高速、村村通快递，城乡公交一体化率 100%，获评全国“四好农村路”示范县。推进农村市政公用设施建设，完成农村供水信息化系统平台建设，实现农村生活污水处理设施行政村全覆盖、天然气管网“镇镇通”、村村通 5G 和双千兆网络行政村全覆盖。持续美化乡村风貌，累计创成省级城乡风貌样板区 5 个、省新时代美丽乡村达标村实现全覆盖，成功创建浙江省新时代美丽乡村示范县，连续三年获评全省农村生活垃圾分类处理工作优胜县，连续四年获评城乡风貌整治提升优秀县。

（三）城乡公共服务进一步优质均衡

深化城乡教育共同体建设，实现农村公办义务教育教共体学校全覆盖，义务教育段公办学校中融合型、共建型城乡教共体覆盖率达90%，每年安排20%以上符合条件的城区骨干教师下乡，累计建成中小学、幼儿园90所。实施镇街卫生院补短板项目和村级卫生服务标准化改造，14个基层卫生院区均达到“优质服务基层行”“社区医院”基本标准，成为全国首批、浙江首个实现全覆盖县级市。构建完善的市、镇、村三级公共文化设施体系，累计建成“15分钟品质文化生活圈”130个。不断健全养老服务体系，建成村（社区）居家养老服务照料中心（站）578家，二星级以上养老机构占比超60%，镇街康养联合体覆盖率超80%，每万名老人拥有持证养老护理员超30人。

（四）城乡要素双向自由流动格局基本形成

乡村人才振兴全面铺开，每年招引500余名新乡贤回乡考察创业，2022年以来通过新乡贤招引落地共富项目16个，投资达76.1亿元。深化“一村一青年委员”工作，培育593名青年委员成为“共富联络员”，有效破解农村干部年龄结构老化、学历偏低、后备梯队断层等问题。深化农村金融体制改革，累计建成镇村两级各类金融服务网点1060余个，实现农村金融服务网点全覆盖，基础金融服务不出村，综合金融服务不出镇。

二、婴育照护服务体系入选共同富裕省级试点

“浙有善育”是更高标准的“幼有所育”，也是扎实推进共同富裕美好社会建设的题中之义。义乌市聚焦婴育服务关键环节，以创新婴育照护服务体系试点为契机，打出“提质、增效、扩面”组合拳，积极探索“浙有善育”实现路径。目前，已基本实现“孕、

育、养”全过程全链条优质服务，成功上线“儿童健康报告一件事”等多跨应用，每千人拥有3岁以下婴幼儿托位数4.6个，率先完成国家和省“十四五”规划目标。

（一）打造生命早期1000天优质普惠服务链

开工建设浙大儿院义乌院区，在浙四医院设立辅助生殖医学中心，迁建新妇幼保健院，创成全省首个县级妇幼保健机构类三级甲等医院。打通3个医共体、4个儿科联盟下沉资源，全面整合儿童医疗、保健、预防接种等服务，推动市、镇两级全部规范化、标准化设立“医、防、护”三位一体儿童健康管理中心。在基本公共卫生服务项目之外，义乌市将孕产妇产前筛查及诊断、孕产妇抑郁焦虑心理筛查、公共场所配套母婴设施建设等列入市政府民生实事，形成“8+7”公共卫生服务清单，为母婴提供“孕、育、养”全过程全链条免费服务。在全省率先免费开展0—3岁儿童早期发育异常风险筛查和3岁以下儿童养育风险筛查，构建“三合一”儿童健康综合服务机制，实现初筛—确诊—干预—康复—随访全流程闭环服务。

（二）打造15分钟照护服务圈

开展两轮“百园工程”建设，推进托幼一体化，新建幼儿园全部开设托班。针对托育行业服务人员专业性不足、流动性大等问题，注重加强紧缺型育婴管理、托育专业的人才培养及职业技术培训，积极组织开设农村儿童早期发展指导员、3岁以下婴幼儿照护服务师资及保育员培训班等，每年常态化培训保育员3000名以上。利用社区党群服务中心、文化大礼堂等场所，统一配置玩教具等设施用品，设立 20 平方米以上儿童早期发展活动站 100 个。积极开展养育照护小组活动，按照 0—1 岁、1—2 岁、2—3 岁年龄段，每月分别组织一次以上活动，累计组织养育照护小组活动 4100 场次，受益儿童家庭 2.9 万，照护知识普及率和知晓率均达 90%以上。

（三）打造数字化婴育服务网

打造“善育宝”婴幼儿健康管理应用，成功上线“妇幼健康列车”“儿童健康报告一件事”“儿童成长曲线自测”3 项多跨场景，实现申报“零材料”、报告“秒申领”。率先推行“出生一件事”改革，做法写入国家《健康儿童行动提升计划》。出台发布“幼有所育”基本公共服务标准，制定儿童早期发展服务指导中心、驿站建设标准，明确婴幼儿照护服务机构及从业人员准入标准。建立儿童健康数据应用标准，出台儿童健康报告互认共享、家庭指导干预评价、养育风险筛查质量控制等系列制度。

三、家庭关系服务入选共同富裕省级试点

2023 年 5 月获批“家庭关系服务”省级试点以来，义乌市聚焦家庭关系数据完善和便民利民服务、社会治理模式创新、惠民政策直达、社会建设整体智治等方面场景落地，扎实推进“家庭关系服务”试点工作，实现基本公共服务愿享尽享，普惠性公共服务可享优享，切实提高人民群众获得感、幸福感。截至目前，建立“全面覆盖、及时更新、动态拓展”的户籍家庭基础数据库，完成户籍人口的数据回流和核对，户籍人口覆盖率和精准性超过 90%，相关场景应用的“家庭关系组件”调用量达到 123.5 万次。

（一）全力推动场景落地

对购买自住住房提取公积金等 13 个“最多证一次”事项、档案查询等 3 个生活类场景及家庭政策归集等 1 个治理类场景的实施路径、完善“家庭关系服务”方面进行深入探讨。建立省市两级数据回传路径，采集学籍电子数据和新生入学电子数据，并完成义乌市户籍人口数据归集。探索与银行、保险等第三方公司家庭关系数据互通共享，共建家庭财务、金融信贷、家庭保险、车贷等场景。

（二）构建标准规范

参照关键小事的标准规范，制定“家庭关系服务”落地场景标准规范，明确场景定义、办事流程、所需材料、评价标准和工作计划等要素，完成首批 11 个落地场景标准规范制定。下发《关于在全市推广家庭关系服务应用的通知》，鼓励各单位在职人员申领家庭码，排摸政务服务和生活服务事项中是否有需要用到家庭关系相关数据的场景，将各单位领码情况和调用家庭关系组件情况纳入年度共同富裕考核体系。

四、长期护理保险制度改革入选省级最佳实践

义乌市是国家长护险建设重点联系城市、全省长护险试点城市，建立起长护险“1+1+3”政策体系，有效保障失能人员基本生活权益，减轻失能家庭护理负担。截至目前，覆盖人群达 121.41 万，户籍人口覆盖率为 99.99%，累计已享受长护保障达 10619 人，为失能家庭减负 3.15 亿元。

（一）构建全民共担共享的制度体系，确保基金可持续运行

参保人群应覆尽覆，基本医保参保群体同步参加长护险，其中户籍人口覆盖率99.98%。基金筹集多方共担，由政府、单位、个人共同筹集基金，推动社会责任、家庭责任及个人责任紧密融合。待遇保障按需设置，根据护理服务需求，制订服务项目68项，涵盖失能群体日常生活方方面面。设置居家上门、养护机构和医疗机构三类阶梯式、差异化待遇体系，失能群体可根据自身需求选择不同护理方式，困难群众100%支付。为应对未来失能群体持续扩大、保障水平不断提高，适当超前规划基金池，处在“可负担、可持续”合理状态。

（二）构建专业化标准化的评估机制，确保评估环节规范便捷

评估标准专业化，在浙江省率先发布实施《失能评估管理要求》地方标准，从自理能力和疾病轻重2个大类64个评定项目，按照0—6级将失能情况进行科学划分，将评估达到4—6级的重度失能人员纳入照护范围。组建涵盖医学、护理、康复等学科的失能评估专家库，有效满足评估需求。评估信息数字化，通过“大数据运算＋实地走访”核准失能信息，预测新增失能群体，组织镇街实地走访，实时精准掌握失能群体总量、等级评估和照护需求。评估流程便捷化，失能评估简化流程、减少材料，线上申报自评，线下上门评估，评估过程实现“零次跑”。

（三）构建规范化规模化的护理服务产业体系，确保高水平护理

规范护理机构，在浙江省率先发布实施《定点护理机构管理要

求》地方标准，将护理服务市场主体纳入定点协议管理。提升队伍能力，组建生活照料、医疗护理两支队伍，其中生活照料由家庭照护者和机构护理员组成，医疗护理由镇街卫生院家庭医生签约团队和专业护理机构医护人员承担，并由高校、养老服务中心等开展护理专项能力培训。扩展护理资源，打通家庭照护者二次就业渠道，鼓励失能人员亲属邻里加入护理行业。护理机构为家庭护理者提供5000—8000元/月较高激励，通过待遇激励引导全社会共同关注、参与失能护理行业。

五、农业标准地改革入选省级最佳实践

义乌市率先在全省开展农业标准地改革，通过农业标准地推动农地提质、扩面、增效，有效遏制耕地“非粮化”“非农化”，推动农业高效发展和农民增收致富。该项改革在中改办刊发推广，入选2021年全国农村改革试验区典型案例，写入《浙江省土地管理条例》。2021年11月1日起施行的《浙江省土地管理条例》，以立法形式吸收固化了义乌农业标准地改革经验做法。2023年7月，省政府办公厅印发《关于推进农业标准地改革的指导意见》，义乌农业标准地改革做法正式在全省推广。

（一）构建农业标准地标准体系

创新设置标准地控制性指标。借鉴工业标准地思路，首次提出农业标准地概念，结合一般农田、永久基本农田、粮食生产功能区分类，设定投入产出、设施装备、带动效益等五项控制性刚性约束指标，其中带动效益要求每百亩带动农户就业10户以上、带动村

集体增收1万元以上。创新设置项目准入标准。按照义乌农业生产力布局规划，结合国土空间规划和土地用途管制要求，根据经营主体、生产流程和土地控制性指标要求，形成农业标准地项目招引准入标准。提前完成项目可行性研究报告核准、设施农用地审批等工作，项目签约当日即可进驻开工，实现“即签即用”。创新建立全周期流程标准。明确调查评估、土地流转、招商引资、服务保障、激励机制等七个环节管理操作流程，规范农业标准地事前评估、事中服务和事后监管。

（二）创新农业标准地流转机制

搭建流转平台，成立市、镇（街道）二级土地流转服务中心，统一负责土地收储、租金发放、招商引资等工作，打通土地和项目对接匹配的关键环节。建立预流转制度，土地统一收储后，在招商项目实施前即按照双方约定价格向农民给付租金，保障农民土地流转收益，提高农民土地流转积极性。截至目前，完成预流转租金发放9000万元。实施综合整治，按照高标准农田建设标准，以镇（街道）为主体对连片流转地块进行改造提升，有效培育地力，加强农田水利设施和田间道路建设，为招引好项目准备净地。截至目前，完成标准地综合整治5.6万亩。

（三）推进农业标准地数字化改革

推进应用多跨协同，纵深推进农业标准地数字化改革，对接地理信息、卫星遥感、气象、农资供应、金融等28个数字化系统，加强改革协同，提升改革质效。该项改革被纳入省农业农村厅第一批先行先试名单。推行“绿黄红”三色数字化评价，对农业标准地各项控制性指标进行实时采集监测，将监测结果和控制性指标比对，并对“达标”“不达标”“不达标且整改不合格”标准地项目分别赋绿、黄、红码。落实个性化精准服务，构建农业生产标准化数据模型，对各标准地项目生产数据进行分析，形成个性化需求清单，指导项目业主科学投入生产要素。

六、商贸纠纷诉源治理入选省级最佳实践

习近平总书记指出，要坚持和发展新时代“枫桥经验”，把非诉讼纠纷解决机制挺在前面，从源头上减少诉讼增量。① 义乌市场主体超 100 万，商贸纠纷多发、案件量大，解纷存在周期长、费用高、不专业、履行率低等问题。义乌重塑商贸纠纷治理流程，构建多元解纷机制，打造“义码治理”数字应用，实现商贸纠纷源头治理、高效化解，为小微企业和个体工商户健康发展保驾护航。相关做法获时任最高人民法院院长周强批示肯定，荣获 2023 全国政法智能化建设智慧法院创新案例等 6 项省级以上荣誉。改革后，当事人通过应用申请调解无需付费、无需准备起诉材料、无需法院前置审核，纠纷化解平均用时从 30 天下降至 15 天，累计为当事人节约律师费、诉讼费超 2100 万元。

（一）多跨协同降本增效

打造一个“调解码”高效解纷，贯通市场监管、司法等七个部

---

① 《完整准确全面贯彻新发展理念 发挥改革在构建新发展格局中关键作用》，《人民日报》2021 年 2 月 20 日。

门系统，打造“义码治理”数字应用，当事人通过手机扫“调解码”，可随时随地申请调解、查阅案卷、签署协议等，实现异地、跨境全流程在线调解“一键直达”，极大缩减纠纷化解时间成本和经济成本。打造一支调解员队伍专业解纷，吸纳律师协会、行业协会、阿里巴巴等单位256名法学专家和行业精英，组建12个专业调解组织。针对知识产权、普通商贸纠纷等不同类型案件，智能匹配不同领域调解组织和调解员，提供专业化、个性化调解方案。打造一个案例库示范解纷，收集并总结调解、判决的商贸纠纷类案，定期分享、在线发布典型案例，用生效裁判指引类案以非诉讼方式化解。

（二）多重保障实质化解

监督评价提效能。建立调解员监督评价机制，制定调解员选任规则、调解员守则等制度，规范调解行为。调解结束后，当事人可对调解员的专业水平、效率等进行评价，实现调解员队伍闭环管理。电子送达找人快。与通信运营商、电商平台合作，对被申请人发起多渠道电子送达。被申请人失联的，通过数据清洗，锁定被申请人电话，实现在线拨打，送达过程全程录音留痕，法律文书“一键送达”。创新机制促执行，在人民调解基础上，探索市场化调解机制，引入商事调解组织，明确市场化调解结果进行司法确认后，具备强制执行效力，提高调解结果的公信力和执行力。

（三）多点发力源头治理

线上签约促规范。协同商城集团 Chinagoods 等交易平台，“义码治理”应用引入电子合同范本，引导市场主体线上签约，规范交易行为，降低交易风险。信用评级降风险，将纠纷调解情况纳入经营户信用评价内容，对调解成功后不履行、违约多次的经营户扣除信用分，为经营户交易提供信用参考。监测推送强预警。采集纠纷多发的企业、行业等数据信息，定期向经营户发送风险提示，累计发布商贸预警信息900余条。特别是针对跨境电商知识产权海外维权需求，发布境外知识产权诉讼预警46期，提醒市场主体规避知识产权侵权风险。

七、农村集体经营性建设用地入市改革入选省级典型经验

党的二十大报告中强调："深化农村土地制度改革，赋予农民更加充分的财产权益。"①为进一步破解长期以来农村集体经营性建设用地低效、无序利用的困局，2016年以来义乌市在全省率先开展农村集体经营性建设用地入市试点，统筹推进国土空间规划编制、合理确定土地来源和用途、完善交易市场规则、土地增值收益分配等，有效盘活农村闲置的集体土地，有力促进乡村产业发展和农民增收。

（一）建立"自主+委托"的入市机制

一是实施公开民主决策。坚持体现农民主体地位，按照"公开透明、民主决策"原则，建立事项民议、地价会审、结果公示、分

① 习近平：《高举中国特色社会主义伟大旗帜　为全面建设社会主义现代化国家而团结奋斗——在中国共产党第二十次全国代表大会上的报告》，人民出版社2022年版，第31页。

配公开的民主决策机制。二是分类明确入市主体。按照所有权属于村集体经济组织、镇街集体经济组织或实施下山脱贫后收归政府等不同情况，分类明确入市主体，避免产生矛盾纠纷。三是创新委托入市制度。首创镇街农村土地整备公司委托入市制度，由镇街农村土地整备公司代表入市主体进行统一整理开发和招商入市，实现专业人办专业事。截至2023年年底，全市14个镇街道均成立了农村土地整备公司。

（二）创新“存量＋异地”的土地盘活方式

一是全域规划布局。全域统筹谋划空间资源，编制《义乌市“1+X+Y”村庄布局规划》，推动各村因地制宜谋划产业发展和业态培育方向。二是统筹存量用地。建立存量土地盘活机制，明确实施“异地奔小康”腾退、村庄规划范围外腾退、村庄规划范围内农村有机更新节余三类集体建设用地可用于入市。三是异地整合利用。创新异地整合入市机制，按照“先复垦、后调整”原则，根据土地利用总体规划在同村范围内或跨村进行异地调整入市，节约集约利用零星地块。

（三）构建“规范＋公开”的市场交易规则

一是建立基准地价。建立城乡统一的建设用地基准地价体系，科学划分7个土地级别，按照土地用途，分别设置不同级别不同土地用途的基准地价，其中最高基准地价Ⅰ级商服用地为7120元/平米，达到同期同级别国有建设用地基准地价的60%。二是统一交易规则。按照“同地、同权、同价”原则，由土地矿产市场服务中心采用招标、拍卖、挂牌等方式，统一通过浙江省自然资源网上交易系统公开交易，实现公告、交易、成交、公示等环节一体化、规范化。三是创新混合入市。允许根据所在村产业基础、区位条件等因素，分层分用途入市，重点用于菜市场、教育设施、旅游设施、保障性租赁住房等民生产业项目。

（四）实施“分类+级差”的收益调节机制

分级累进分配收益。入市成交价格未超过基础收益（40 万元/亩）的，全额返还给村集体；超过基础收益的，在扣除基础收益后，按超过基础收益 0—50%、50%—100%、100%以上三档，超率累进征收 30%、40%、50%的调节金。统筹使用调节金。调节金征收后按比例返还镇街的部分，优先安排用于基础设施建设、农村环境整治、土地前期开发等支出。强化收益管理。将村集体收益纳入农村集体资产统一管理，定期公开资金使用情况，规避资金风险。鼓励村集体将入市收益通过对外投资、购买物业、股份合作等方式保值增值。

第四节　义乌推进共同富裕的基本启示

一、坚持一张蓝图绘到底，一以贯之接续奋斗

在“八八战略”指引下，义乌始终坚持从本地实际出发，创造性贯彻中央精神和省委决策部署，坚持和深化“义乌发展经验”，积极探索具有浙江特色和义乌特点的发展路子，一张蓝图绘到底、一任接着一任干，有力促进了义乌市经济社会的全面协调可持续发

展，实现了从总体小康到高水平全面小康的历史性跃升，努力把总书记擘画的美好蓝图变成美好现实。义乌贯彻“八八战略”二十多年来取得的历史性成就，充分证明了习近平总书记的高瞻远瞩、战略擘画，充分证明了“八八战略”的科学指引。尤其是习近平同志亲自部署总结推广的“义乌发展经验”，更是以生动的实践和丰富的内涵彰显了“八八战略”无比深邃的政治感召力和实践变革力。

二、坚持发挥市场辐射带动作用，夯实共同富裕基石

没有坚实的物质基础，就不可能全面建成社会主义现代化强国，也就不可能实现共同富裕。义乌一以贯之坚持兴商建市，市场历经六易其址、十次扩建、五代跃迁，实体市场持续繁荣，形成了市场经营面积640余万平方米、经营商位7.5万个的全球最大的市场集群；“义新欧”中欧班列联通亚欧大陆，累计开通19条线路，辐射欧亚50多个国家和地区，向西依陆出境，向东依港出海。义乌致力于促进产业联动，积极实施“以商促工”“贸工联动”策略，推动传统产业由“义乌制造”向“义乌质造”转变，形成信息光电和汽车装备两大千亿级现代制造产业集群。这些都为共同富裕打下了坚实基础。

三、坚持尽力而为量力而行保障民生，满足美好生活向往

以中国式现代化推进中华民族伟大复兴，归根结底是要让人民群众过上更美好的生活，实现全体人民共同富裕。义乌坚持把实现

人民对美好生活的向往作为现代化建设的出发点和落脚点，着力促进全体人民共同富裕。坚持民有所呼、我有所应，从群众的切身利益出发，不断改善生产生活条件，千方百计拓宽增收致富渠道，推进共同富裕取得实质性进展。在义乌，有一份居住证就能办理子女入学、公租房申请、社保医保参保、职业技能培训补贴等服务项目。出台制定义乌市基本公共服务标准，涵盖 11 大领域 25 类 99 项基本公共服务项目，覆盖各年龄段人群，对“新义乌人”关心的幼有所育、学有所教等领域明确标准。义乌坚持“尽力而为、量力而行、循序渐进、实事求是”，持续加大要素投入，全力保障普惠性、基础性、兜底性民生建设，民生领域支出占一般公共预算支出的比重每年都保持在 70%以上。

四、坚持系统思维整体有机布局实施，统筹推进城乡共建

习近平总书记强调，“要推动城镇基础设施向农村延伸，城镇公共服务向农村覆盖，城镇现代文明向农村辐射”①。义乌把城市与农村看成一个平等的有机整体，始终做到一张图谋划、一盘棋建设、一体化发展，系统考虑、统筹协调，推动工农互促、城乡互补、协调发展、共同繁荣。“教育倍增计划”和“百园工程”让农村幼少儿在家门口享受优质教育，规范化村卫生室、移动诊所让村民一般病痛不出村，主城区至镇街 15 分钟互达，在浙江省率先实现农村生活污水专业运维、农村生活垃圾集中收集处理、行

① 习近平：《论“三农”工作》，中央文献出版社 2022 年版，第 110 页。

政村规范化农村公厕全覆盖，形成基本公共服务“15分钟生活圈”。实践证明，必须牢固树立城乡一盘棋理念，推动公共服务向农村延伸、社会事业向农村覆盖，努力实现城乡基本公共服务标准统一。

五、坚持全面深化改革不停步抓到底，增强发展活力

中央农村工作会议强调，要强化农村改革创新，在坚守底线前提下，鼓励各地实践探索和制度创新。义乌坚持问题导向，找准难点、堵点和痛点，探寻突破口和改革路径，让群众享有更多获得感。义乌在全国率先启动农业标准地改革，率先提出农村宅基地“三权分置”制度体系设计，通过改革真正让农村资源要素活起来。实践证明，必须以问题为导向探寻突破口和改革路径，尊重和激发基层首创精神，调动农民和基层大胆实践、大胆创新的积极性。

六、坚持群众主体地位汇聚各类主体力量，激发内生动力

共同富裕不能政府“大包大揽”，必须进一步激发群众“主人翁”意识。“千万工程”正是把整治村庄和经营村庄结合起来，把改善村容村貌与发展生产、富裕农民结合起来，所以农民才会主动支持配合工作，政策实施成效得到了提高。义乌打造“红梅指数”“周五议事会”等一批基层实践创新案例，推动“自治、法治、德治、智治”多管齐下，让群众从治理“旁观者”转变为“参与

者”，形成共建共治共享的乡村治理新实践。实践证明，必须尊重和激发基层首创精神，调动群众和基层大胆实践、大胆创新的积极性，政府引导、因地制宜、多元参与，激发乡村振兴的内生动力。

第五章

开化奋力打造山区共同富裕先行实践地

扎实推进共同富裕，一个根本前提，就是要“使人人都有通过勤奋劳动实现自身发展的机会”①。显然，我国推动经济社会发展和共同富裕建设，最艰巨最繁重的任务在山区、在农村。山区点多面广，区位约束程度高，产业发展效能较低，生态治理难度较大。浙江省衢州市开化县是浙江母亲河钱塘江的源头，是山区26县中具有代表性的生态发展类县。开化地处浙皖赣三省交界，位于浙江母亲河钱塘江源头，是国家重点生态功能区，全县山区面积占县域总面积的比重为85%，坡度6度以下面积占比仅为9.45%，素有“九山半水半分田”之称。2006年8月，时任浙江省委书记习近平来到开化县金星村调研，给开化人民提出了“人人有事做，家家有收入”②的殷切嘱托。如何走出一条符合山区地域特色和资源禀赋的实践路径，对实现山区高质量发展、实现共同富裕具有重要意义。

① 习近平：《高举中国特色社会主义伟大旗帜　为全面建设社会主义现代化国家而团结奋斗——在中国共产党第二十次全国代表大会上的报告》，人民出版社2022年版，第47页。

② 中央党校采访实录编辑室：《习近平在浙江（下）》，中共中央党校出版社2021年版，第147页。

第一节　对开化山区发展的殷切期望

1997 年，开化在全国率先实施“生态立县”战略，到 2003 年生态县建设已经取得一定成效。但是，农民增收依然困难，全县居民人均可支配收入 3612 元，恩格尔系数高达 49%，超过全国平均水平 10 个百分点。2003 年，全县有 19.1 万劳动力，除了 7 万人县外转移就业，2.4 万人在本地从事第二、三产业外，还有 9.6 万人从事种养业。群众就业不充分问题突出，既带来了增收致富难，又造成了生态保护难。

就在开化县率先在全国开展生态示范区建设、推进生态转型发展的关键阶段，习近平同志于 2003 年、2006 年两次来开化考察指导工作，为开化经济社会发展把脉定方。2003 年 7 月，习近平同志首次到开化调研时，明确提出“一定要把钱江源头的生态环境保护好”“变种种砍砍为走走看看”，并充分肯定开化走生态立县的路子是对的，坚定了开化坚持绿色发展的信心。2006 年 8 月，习近平同志在省委十一届十一次全会召开前夕，再次到开化金星村调研，明确提出山区县发展致富的新理念——“人人有事做，家家有收入”。

“人人有事做，家家有收入”这一重要论述，阐明了山区共同富裕的核心要义，突出了勤劳致富、发展机会均等、发展成果共享的共同富裕理念和实现机制。“人人有事做”体现了发展是根本以及发展机会要均等；“家家有收入”体现了发展成果共享，蕴含了共同富裕的本质要求，对走好山区共同富裕道路具有重要指导意义。

良好的生态环境是山区的最大优势、最公平的福利、最普惠的福祉。“人人有事做，家家有收入”蕴含了“山区共同富裕前提是发挥生态优势，走出一条生产发展、生活富裕、生态良好的绿色可持续发展道路”。这与坚持以绿色发展引领经济高质量发展、以高品质生态环境支撑高质量发展的路径是高度一致的。习近平总书记多次提出欠发达地区推进工业化进程绝不能以牺牲环境为代价，2003 年他首次在开化调研时，特别强调“一定要把钱江源头的生态环境保护好”，既对开化县生态文明建设提出要求，也为山区共同富裕的生态要素保护发展指明方向。开化县“山美、水美、村美”，深化国家重点生态功能区建设，高水平建设钱江源国家公园，创新生态产品价值实现机制，积极探索“两山”转化路径，把“绿水青山”纳入要素保护、利用和财富分配体系，将“约束条件”转换为“发展优势”，破解山区发展瓶颈问题，走出一条生产发展、生活富裕、生态良好的文明发展道路。山区县在共同富裕发展中更应注重发挥生态资源禀赋优势，构筑生态文明框架，形成绿色可持续发展新路径。

“人人有事做，家家有收入”指出了山区推动共同富裕的基本路径，就是要通过就业创业来实现勤劳致富，“就业”和“收入”是互存互进的对应关系，意味着人人都有通过勤奋劳动实现自身发展的机会。“人人有事做，家家有收入”体现了“以产业促就业、以就业促增收”的基本经济规律，也包含着以人人个体的充分就业来推动家家群体的整体增收，实现“做大蛋糕、分好蛋糕”“扩中”“提低”、缩小“三大差距”的共富理念。

开化县着力构建“人人有事做，家家有收入”山区高质量就业创业体系，规范发展新就业形态，健全完善就业创业服务体系，着力做好高校毕业生、长期失业人员等群体就业工作，大力培育高素质劳动者队伍，强化灵活就业权益保障，引导广大乡贤带人才回乡、带项目回归、带资金回流，助力农村群众在家门口就能富起来，在共同富裕的道路上实现“一个也不能掉队”的目标。

第二节　开化推进共同富裕的基本实践

开化县始终牢记习近平总书记的殷殷嘱托，将“人人有事做，家家有收入”的真理光芒和实践价值融入经济社会发展全过程，积极探索具有普遍意义的山区县共同富裕和现代化建设路径。践行“人人有事做，家家有收入”具体做法多次获得省里肯定；“人人有事做，家家有收入”山区共富实践被列入国家发展改革委有关浙江共同富裕实践观察地名单；连续两年获评浙江省高质量发展建设共同富裕示范区考核第一档。2023 年浙江省委一号文件《关于 2023 年高水平推进乡村全面振兴的实施意见》和 2023 年浙江省政府工作报告中，分别将开化的经验作为拓宽“绿水青山”向“金山银山”转换通道、农民农村“扩中提低”的实践案例，要求率先打造“人人有事做，家家有收入”高质量就业创业体系。

一、先行探索“劳务输出”变“三开回归”，以内聚外迁促进农民高质量就业

开化县始终把充分就业摆在加快高质量发展的突出位置，在全

省较早构筑“培训—输出—服务—回归”的就业链条，一体化推进内聚外迁，促进农民高质量就业，增加“家家有收入”的工资性收入。

（一）向外有组织输出劳动力，做大“开化人经济”

一是靠前开展就业培训，鼓励“携技外出”。针对外出劳动力缺乏技能、就业竞争力弱等情况，从2003年开始，免费培训初高中未升学的毕业生，并实施“万名农民素质培训”工程、“开化工匠”民生实事工程等，开展订单培训和企业委托培训活动。到2024年上半年止，累计有6万余人次参加家政服务、服装缝纫、网店运营、气糕制作等职业技能培训，3.3万人取得国家职业能力等级证书，“一技之长”的技能人才有4.72万人，占比高达30%。二是依托“务工队长”，推进“跟班就业”。全县在外就业人员达到10.62万人，形成了“开化粉刷匠”“开化大厨”等一批特色劳务品牌。其中开化粉刷匠业务在浙江省的市场份额高达30%。三是建强驻外劳务输出服务组织，开展“远程服务”。在劳务输出比较集中的杭州、温州、嘉兴、义乌以及上海等地，先期建立“创业支部”14个，并积极帮助解决在外人员子女入学、劳动维权、社保转移等问题。2006年以来，先后组建开化驻外商会，建立劳动力数据资源库，实现对外出务工人员的远程管理。目前，开化驻外商会发展到16家、单位会员732家，其中亿元以上产值会员企业17家，行业涉及动漫印刷、电器制造、软件开发、建筑和餐饮等。据不完全统计，2023年年底，“开化人经济”产业规模达到213亿元，是开化工业总产值的1.5倍。

（二）向内全县域促进人口集聚城镇，做大“开化经济”

一是以“小县大城”为引领，促进人口内聚县城。2009 年县委就作出了走“小县大城”新型城镇化道路的部署，大力推动建设大县城、产业大集聚、人口大集中、设施大配套等重大战略决策的实施。目前，县城建成区面积已从 3.1 平方公里扩大到 15.25 平方公里，城镇化率从 26%提高到 53.8%，城镇常住人口从 9.97 万人增加到 13.29 万人。正在实施的“小县大城富民安居”工程，进一步加快了人口集聚县城步伐，新型城镇化建设成效日益显现。二是以省级经济开发区为载体，促进企业内聚县城。2001 年开始就在县城周边建设工业园区，推动分散在乡镇的工业企业向园区集聚。目前，工业园区已升格为省经济开发区，面积整合扩大到 16.21 平方公里。三是以“三开回归”工程为抓手，促进就业内聚县城。以开化在外企业、乡贤和开化人为重点开展招商引智，每隔 2 年召开高规格的开化人发展大会，鼓励开化商人、开化乡贤和开化人回乡创业就业。县里积极创新开发灵活就业应用平台，为闲置劳动力提供就业渠道，目前平台登记 6000 余家用工主体和 60000 余名灵活就业人员，提供岗位 6.37 万个，求职成功 3 万人次。自 2016 年以来，全县新引进亿元以上项目 120 个，实现招商引资到位资金 251.7 亿元。参加企业职工养老保险的人员也由 2500 多人增加到 2023 年年底的 54652 人。

（三）建立多层级就业创业体系，持续缩小城乡居民收入差距

立足山区县人口流失快、外出务工多，本地岗位少、就业收入低的现实问题，从强化创业指导、优化就业服务、拓宽就业平台等

方面精准破题，率先探索“人人有事做，家家有收入”高质量就业创业体系。近十年来，累计新增就业人数5.5万人。主要做法有：一是搭建供需平台，促进充分就业。打造“1+4+N”高效就业平台，创新“智享用工”应用，累计服务用工主体6000余家，帮助3万余名求职者成功就业。二是打造共富工坊，吸纳本地就业。梳理本地资源、供给需求、政策支持、农村剩余劳动力“四张清单”，组建“六式”共富工坊188个，让1万余名群众实现“家门口”就业。三是激发创新创业活力，拓展创业空间。建设硅基新材料等创新创业服务平台，为创业群体提供全周期孵化服务。2023年以来，扶持创业主体311人、培育农创客380人。

二、先行探索“品质农业”变“品牌农业”，以“钱江源”区域公用品牌推动农产品溢价增值

立足开化好山好水资源，积极培育优质农产品，在浙江省率先注册“钱江源”区域公用品牌，引领农产品不断溢价增值，使“人人有事做，家家有收入”在生态环境中增加经营收入。

（一）培育生态珍品，实现销售增值

一是培育优质基地。积极培育“两茶两中一鱼”（龙顶茶、山茶油，中药材、中蜂，清水鱼）主导产业，全县现有茶园12.5万亩、油茶22.2万亩、中药材3.23万亩、中蜂5.6万群、清水鱼流水坑塘1.1万口，发展农业龙头企业57家、农民专业合作社636个。二是分层分级品质管控。一方面，开发“钱江源”品牌准入管理平台，配套建设数字化小程序，实现“企业掌上办、部门线上审、消

费者码上查”，农产品从农场到餐桌全过程质量安全追溯覆盖率达到100%；另一方面，对“三品一标”新认证、续证进行奖励，全县获得绿色食品认证37个，有机认证38个。三是畅通供销渠道。通过开设品牌馆、发展农村电商、合作新闻媒体等方式，多维度组合拳宣传推广“钱江源”区域公用品牌。目前“钱江源”品牌已授权产品49款，产品平均溢价率达到30%以上。对比20年前，开化龙顶产量虽仅扩大2.3倍，产值却扩大了21.5倍，品牌价值达到33.5亿元；清水鱼每斤达到25—35元，是普通草鱼的4—6倍，杭州、宁波的市场售价每斤高达48元，是当地普通草鱼的6—8倍。形成了“一亩土茶园，万元惠农钱”“一口清水塘，万元卖鱼钱”“十只土蜂桶，增收万元钱”“一亩高粱地，净增万元钱”等一批农产品溢价增值案例。

（二）培育生态美食，推动加工增值

一是做好一块“开化气糕”，推进“万人从业、万户增收”。抢抓“诗画浙江·百县千碗”机遇，将开化气糕作为农民增收的支柱性产业，率先成立气糕办，组织3000名农民参加烹饪、特色小吃餐饮培训，累计开办县内外持证挂牌气糕店430多家，有的更是走出国门将气糕店开到了美国、新加坡等地。二是推广一桌钱江源味道，实施美食“个十百千万亿”工程。挖掘每个乡镇特色美食，发布浙江省首个地方菜标准——钱江源味道《开化菜》，推出30道“不得不吃”的开化名菜，将开化生态农产品加工成开化美食可以增值几十倍甚至上百倍。2023年有开化美食门店5000家以上，其中面积在300平方米以上的门店8家，美食产业总值达到20亿元，直接就业5万余人。

三、先行探索“种种砍砍”变“走走看看”，以全域旅游拓宽生态资源变现通道

着眼乡村游的发展态势和潜力前景，率先提出打造国家东部公园，将旅游产业作为战略性支柱产业进行重点培育，建设全域景区，发展全域旅游，增加“人人有事做，家家有收入”的“卖风景”收入。

（一）雕刻“烂树根”，打造大景区

一是培育根雕产业。先后创立根雕专业培训学校，发布全国首个根雕标准，推动国际根艺文化交流，全县共有根雕企业 30 家，从业人员 3 万余人，年产值超 15 亿元。二是打造根雕景区。根宫佛国“无中生有”从一个小作坊开始建设根缘小镇，吸引项目投资 28.43 亿元，集聚各类文旅企业 500 余家，带动周边就业近万名。根宫佛国旅游区游客量每年以 12%递增，2021 年旅游收入总计 1.5 亿元。三是促进根城融合。围绕 5A 景区和县城互融共生，建设 5A 县城。将根雕元素融入城市设施建设，引进 4 个商业综合体，打造城市客厅和特色商业街区，每年举办根雕艺术文化节、钱江源国家公园马拉松赛。

（二）建设“景区村”，办好农家乐

一是整治村庄环境。累计拆违 960 多万平方米，为 200 余个村集体增加土地复垦政策性收入 3 亿元。建成省、市级精品村 33 个和特色村 82 个，成功打造省 A 级景区村庄 130 个、历史文化村落 78 个。二是开发乡村旅游。探索“美丽乡村 + 美丽产业”发展模

式，开创茶旅融合、鱼旅融合、蜂旅融合等经营模式，主动融入浙皖闽赣（衢黄南饶）“联盟花园”建设。2023 年，累计创成省级休闲乡村 4 个、休闲农业与乡村旅游示范乡镇（点）5 个，农家乐 416 家，其中三星级及以上农家乐 51 家，创办银宿级以上高端民宿 23 家，乡村休闲旅游 413.33 万人次，旅游收入 2.74 亿元。

（三）开发“马金溪”，发展水经济

马金溪是钱塘江的源头河，全长 99.99 公里，风景秀丽，故称“百里金溪画廊”。一是全流域治理提升颜值。系统开展垃圾、污水、厕所、庭院“四大革命”和禁采、禁养、禁渔、禁倒“四禁”，建设沿河绿道 111 公里，串珠成链形成集源头探秘、生态休闲、民俗赏游、亲水观光于一体的绿色生态廊道。二是打造示范段带动发展。以金溪桃韵示范段、下於村和金星村标杆村等项目建设为突破口，推进产业发展、基础设施配套等 30 个重点项目落地。2023 年“黄金周”假期全县旅游市场回升明显，假日接待全域游客 26.28 万人次，同比增长 16.59%，位居全市第一。

四、先行探索“山海协作”变“联盟合作”，以多方共赢促进先富带后富

针对开化乡村发展不平衡的问题，受“山海协作”的启发，在浙江省率先探索经济联盟、就业联盟、区域联盟，打造“365 共同富裕协作区”，推动强村带弱村、先富带后富，扩大“人人有事做，家家有收入”的覆盖面。

（一）以资源互补为目的，建立经济联盟，实现联动发展

县级层面，与杭州上城、嘉兴桐乡、绍兴越城等发达地区，建立“山海共富联盟”，变“单一资金补助”“单纯经济发展”为“双向飞地模式”“多个领域合作”，实施了开化—桐乡山海协作生态旅游文化产业示范区、桐乡—开化“消薄飞地”、开化—滨海新区产业飞地等项目。乡镇层面，分别围绕华埠、芹阳、池淮、马金四个中心镇，创建四大“片区共富联盟”，聚焦各自经济特色，差异化、一体化协同发展片区经济。村级层面，以未来乡村、大花园“示范村”为中心村，统筹建立 15 个“紧密型村级共富联盟”，促进各村由“单打独斗、同质竞争”向“资源互补、组拳出击”转变，辐射带动周边 200 多个村庄发展。如“大金星村社联盟”联动发展党建研学和生态旅游，仅旅游研学就带动 3 个村集体经济增收 40 余万元。产业层面，建立龙顶茶联盟、清水鱼联盟、钱江源星宿（民宿）联盟、红高粱联盟、中蜂联盟五大“产业共富联盟”，2023 年联盟产品销售额突破 2.5 亿元，茶农人均增收 4%以上。

（二）以增收致富为目的，建立就业联盟，促进共同富裕

一是开发公益性岗位。促进低收入群众就业。结合乡村需要，开发村庄保洁、治安巡逻等公益性岗位 1500 多个，累计兜底安置 3000 余名就业困难人员。结合创文需要，开发文明劝导等城镇就业岗位 300 余个，让低收入困难群体有事可做。二是利用政府性投资创造就业岗位。2003 年以来累计实施重点项目 2266 个，完成投资从 8.99 亿元提升至 77.4 亿元，每年创造就业岗位从 500 个提升至 3300 个。同时积极培养来料加工经纪人，发展来料加工等劳动

密集型岗位，促进不能转移就业的老百姓在家门口就业。

（三）以协同发展为目的，建立区域联盟，强化省际合作

开化地处浙皖赣三省七县（市）交界处，与江西婺源、德兴、玉山，安徽休宁和浙江常山、淳安毗邻。开化县突破行政区划，探索省际边界地区区域协调发展的新路径，倡议成立浙皖赣“365共富协作区”，签订《浙皖赣三省七县（市）省际交界区域合作发展共识》，聚焦资源配置、政策协调、利益共享等关键性问题，建立协调机制、提升合作效率，全方位、多维度深化紧密型合作。浙皖赣三省七县（市）联合开展“365共富新闻行”“365互采互推”和绿茶金三角斗茶大会等活动，携手打造阿里数字串联365爆款线路、阿里数字人才可持续发展中心等政企联动共富新路径，“365共富协作区”建设实现了从无到有、从点到面的突破，形成了“一体化”发展格局。

五、先行探索“坐主席台”变“坐问政台”，以“工分排名”重塑干部队伍

针对干部队伍中不同程度存在的“庸懒散拖”问题，率先刀刃向内，从县领导抓起，带动全县干部队伍争先创优、裂变跃升，为践行“人人有事做，家家有收入”提供坚强组织保障。

（一）县领导带头比拼

一是带头“记工分”排名比拼。每位县领导至少包干一个重点项目、一个重点征迁、一个重点产业、一家骨干企业、一个创文包

干小区等 13 项工作，县委每月对包干工作进行考核，根据工作实绩每项记工分，每月计积分，每季比排名，年底算总账，一改县领导“考核只考别人、不考自己”的惯例。二是带头上“电视问政”。开化在全省率先开展县领导电视问政，13 位县委常委和县政府副县长从“坐主席台”变“坐问政台”，上电视接受群众和主持人的“考问”，直逼县领导转变作风、解决问题。

（二）乡镇部门同台打擂

一是同台晒业绩。围绕职能工作、分管领域等，以临时抽签选题的方式，分别举办了部门局长“晒承诺、拼业绩”活动，乡镇书记、乡镇长等领导干部“共富比拼、争先竞跑”擂台赛，县领导和“两代表一委员”现场打分，并对前三名颁发红旗，后三名颁发黄旗，倒逼乡镇部门谋出一批精品项目、比出一批务实举措、创出一批特色品牌。二是全过程考核。出台“记工分制”四维考核办法，对岗位赋工分、模块评工分、组团记工分、专项加工分，一改以往的单一年度考评为月度擂台比拼、季度实绩考评、年度结果运用。全县 76 名乡镇、部门党政正职、14 个县级专班，以及 3000 余名党员干部开展“工分 + 排名”实绩考评。根据机关干部“一人一张成绩单”，县委将考核结果与干部岗位调整、选拔任用等结合起来，2020 年以来对成绩优秀的 292 人次给予提拔重用，对排名连续靠后的 17 人给予降职或免职处理。

（三）乡村党员干部联户包事

一是开展组团联村。按照“党群口子联弱村、经济口子联穷村、政法口子联乱村”原则，创新开展“百个部门包百村、百名局长蹲百村、百名干部驻百村”的“三百行动”，安排72个部门、68位一把手、126名党员干部驻村工作，率先探索“周二无会日”制度，组织县乡村三级干部集中开展服务，更好推动农村发展。二是推动党员联户。创新农村党员“1+8”联户包事制度，做到村民咨询“一问就答”、百姓办事“一窗受理”、集中议事“一叫就到”，打通服务基层、服务群众“最后一米”，办理满意率达98%。组建126支示范型“网格生产队”，针对村民发展种养殖业、民生审批等过程中遇到的难题，主动上门服务，带动100余个村种植红薯、土豆、高粱、彩色水稻等农作物，实现村集体经济增收1600万元以上，村民人均增收7000余元。

第三节　开化扎实推动山区共建共富的主要成就

长期以来，开化县广大干部群众在“人人有事做，家家有收入”引领下，扎扎实实推动经济发展和共同富裕，取得了积极成效。

一、夯实共富经济基础

经济收入方面，2006年至2023年，全县生产总值扩大了8.3倍，达188.2亿元，城镇居民收入从16442元提升至48251元，农村居民收入从3612元提升至26496元，城乡居民收入倍差从2.2缩小至1.82，恩格尔系数从49%降至28.5%，低于全国平均水平1.3个百分点。共富联盟方面，开化—桐乡山海协作产业园，成为全省首个非工业山海协作园区，“1+X”开发共建模式全省推广。2016年以来，36个招引项目实现到位资金42亿元。与浙皖赣三省的6个毗邻县（市），在党建、人才、产业、生态、治理五大领域开展共富协作，推进共建共享。与阿里巴巴集团协作共建“以政企党建联建为牵引，以环境、社会和公司治理（ESG）发展模式创新为重点，以数字+人才、+文旅、+农品为突破口”的政企协作共富新模式。

二、提升共富产业动能

工业发展方面，2003年至2023年，全县规模以上工业企业数量从56家增加到103家，增长83.9%；总产值从11.61亿元增长到152.12亿元，年均增长13.7%。形成了以有机硅、糖醇和光伏、卡牌“2+2”为主导的生态工业体系，2023年“2+2”主导产业产值占全县规模以上工业总产值比重70%以上。富民产业方面，打开了“两茶一鱼两中”特色农业产业发展新格局，龙顶茶产量从1357吨提升至3668吨，产值从7019万元提升至17亿元。2023年，龙顶茶、清水鱼、中蜂等产品年产值分别达17.08亿元、3.2亿元、1亿元。其中，何田乡“清水鱼”入选中国重要农业文化遗产，并成功列入国家级农业特色强镇创建，齐溪茶叶强镇、杨林水稻强镇、大溪边红高粱强镇先后通过省级验收。

三、加快共富生态转化

创成国家级生态县、国家生态文明建设示范县。国家重点生态功能区试点的“开化经验”得到国务院研究室、国家发展改革委、自然资源部高度关注，获得李强总理多次提及并肯定。高水平建设钱江源国家公园。入选全国首批十个之一、长三角地区唯一的国家公园体制试点，地役权改革经验入选“生物多样性 100+ 全球特别推荐案例”，试点工作高分通过国家验收。创新生态产品价值实现机制。全省率先试行生态环境财政奖惩制度，成立了全省首个县级生态产品价值实现机制研究中心，全县自然资源资产总量超 2500 亿元，近 7 年共获得奖补资金 42.5 亿元。深化绿色金融改革，绿色金融贷款余额突破 130 亿元。争获国家发展改革委近 6000 万欧元的法开署项目贷款支持。构建生态富民产业体系。“培育做强钱江源区域公用品牌”和文旅高质量发展列入省共同富裕“一县一策”试点，全县国家 3A 级及以上景区从 0 家增长到 14 家，全县近两万人“端起生态碗、吃好旅游饭”，获评浙江省首批全域旅游示范县。

四、拓宽共富就业空间

开化工业就业岗位从 3.1 万个增加至 4.3 万个。乡贤回开新办企业、农场等 80 余家，提供了 5000 多个家门口就业岗位。开发各村保洁绿化、医疗卫生、村庄巡逻等公益性岗位 1500 多个，累计兜底安置 3000 余名就业困难人员。在线上云端，“智享用工”平台已登记服务用工单位 6000 余家，提供各类岗位 6.37 万个，成功推送岗位 3.65 万人次，实现就业人员人均月增收 872.8 元。

开化县持续深化阿里巴巴助力共富专项行动，有针对性地实施低收入农户帮促行动，加快城乡义务教育共同体、山区医共体等改革建设，先后创成全国义务教育发展基本均衡县、省教育强县，其中县域医共体改革还获得了国务院督查激励。

第四节　开化探索山区共同富裕实践的主要启示

开化县贯彻落实习近平总书记关于共同富裕和山区发展的重要论述，牢记“人人有事做，家家有收入”教诲，积极破解山区共同富裕难题的实践做法，具有重要参考价值。

一、科学谋划山区县域发展战略方向是实现山区共同富裕的基本前提

开化县科学把握由农业经济转向工业经济再向生态经济转型的发展趋向，坚守“生态立县”战略定位，破解山区经济发展与生态保护的“二元悖论”，走出了“人人有事做，家家有收入”的共同富裕之路。

开化在推动山区县域经济发展和共同富裕实践中，尤其注意把握好以下三点：一是遵循客观规律。科学把握人类社会发展的内在规律，精准判断经济转型发展的历史变革，科学谋划山区县域经济转型发展路径。二是科学战略谋划。山区县在制定发展思路时，既要体现县域实际，又要配合市级整体规划，也要符合区域发展战略，更要抢抓新一轮科技革命浪潮。三是细化战略目标。实现更高层次、更可持续、更快速度的发展目标，要制定出台关于推进山区跨越式发展的总体规划、战略目标、战略重点和发展举措。

二、系统推动山区县域产业发展升级是实现山区共同富裕的有效路径

开化县围绕生态特色做文章，由过去以林业经济为主导的农业经济形态向以休闲旅游为主导的一二三产融合的服务型经济形态转变，为实现“人人有事做，家家有收入”奠定了坚实的产业基础。

开化在谋划山区产业发展路径实践中，注意系统把握三点：一是畅通资源转化途径。探索生态资源多元变现方式，促进绿色资源和绿色资产转化互促，构建一条新型的“靠山吃山、靠水吃水”的生态发展产业之路。二是明确县域产业定位。培育优势主导产业，瞄准新科技革命，落实新质生产力发展要求，推进现代化产业体系建设，扩宽山区县域广大人民群众就业渠道。三是强化生态工业发展。以加快生态工业园区建设为载体，搭建生态工业集聚和招商引资平台，以集聚效应促进创新主体培育、产业转型。

三、全面拓展山区群众广泛就业渠道是实现山区共同富裕的根本之道

开化县积极拓展多元化就业途径，以一二三产融合发展为支撑，以人力资本提升为抓手，打造特色服务品牌，推广数字化就业应用场景，走出了发展机会均等和发展成果共享的山区共同富裕之路。

开化在拓宽多元化就业途径实践中，注意从三个方面着手：一是夯实产业发展基础。引导优质资源回归，增强就业面广、带动性强的第二、三产业的发展质量，运用区域品牌化战略发展特色产

业，提升县域内就业吸纳能力。二是提升人力资本质量。大力发展职业教育，实施农民素质培训工程、手艺工匠技能培训工程，提升劳动力就业能力和质量。三是加快就业工作数字化转型。完善供需对接机制，构建集政府、村（社）、就职方、用工方、中介方五方主体联动的数字化就业应用场景，提升就业质量和稳定性。

四、创新构建共同富裕组织模式是实现山区共同富裕的制度保障

开化县针对山区经济小、散、乱的发展难题，聚焦资源、人才、产业等关键因素，在浙江省率先搭建“党建联盟 + 区域联盟 + 产业联盟”的共富联盟组织模式，为山区跨越式发展实现共同富裕提供组织和制度保障。

开化在推动山区共同富裕组织模式创新实践中，注意抓好三个“联盟”：一是党建治理联盟。强化党建引领，建立基层党支部“组团联村”服务机制和捆绑式考核激励机制，推动发展共谋、事务共商、资源共享、环境共治、项目共建。二是区域协作联盟。打破县、镇、村三级行政单元的限制，形成山海协作发展、片区组团发展、村级抱团发展的良性格局。三是产业发展联盟。克服市场主体单打独斗、同质竞争等问题，以五大富民产业为纽带，推动资源要素互补整合，横向拓展产业功能，纵向延伸产业链条。

后　记

中国特色社会主义事业进入新时代以来，以习近平同志为核心的党中央对推动共同富裕取得更为明显的实质性进展，进行了宏阔深刻的理论思考和实践探索，科学回答了“什么是共同富裕”“为什么要推进共同富裕”“怎样推进共同富裕”等一系列重大理论和实践问题，提出了一系列具有原创性的新理念新思想新战略，形成了一系列方针政策、目标任务、工作部署，在理论创新、制度创新和实践创新上都取得了重大成果，初步构建起共同富裕的中国逻辑和中国话语体系。

2021 年 3 月，《中华人民共和国国民经济和社会发展第十四个五年规划和 2035 年远景目标纲要》发布，具体部署了在全面建成小康社会基础上推进共同富裕取得实质性进展的目标任务，并提出支持浙江开展推进高质量发展建设共同富裕示范区。2021 年 6 月，《中共中央　国务院关于支持浙江高质量发展建设共同富裕示范区的意见》发布，该意见全面部署了推进共同富裕示范区建设。随后，浙江省委、省政府专门出台了《浙江高质量发展建设共同富裕示范区实施方案（2021—2025 年）》。自此，新时代高质量发展建设共同富裕省域示范实践，在浙江大地上徐徐拉开了序幕。

本书就是在这样的时代背景下依据浙江的高质量发展建设共同富裕示范实践，对中国现代化进程中的共同富裕作了理论思考，对浙江推动共同富裕的实践作了概括性介绍。书稿是集体成果。其中，第一章由王永昌、潘红霞撰写；第二章由浙江省发改委（社建委）协调处原处长、杭州高新区管委会副主任黄澄同志撰写；第三章由王永昌和浙江大学公共管理学院政府管理系博士后、助理研究员李佳威，浙江省发展规划研究院潘毅刚、廉军伟、李昊共同撰写；第四章由浙江省义乌市委办公室撰写并提供；第五章由浙江省开化县发改局撰写并提供。浙江传媒学院马克思主义学院的刘福州、王国雨、冯建超等老师，以及北京林业大学马克思主义学院李学敏老师等同志，参与了本书各有关章节的写作。李学敏协助我校阅了书稿，李佳威多次查阅核对引文并统一规范了注释。

本书是浙江省习近平新时代中国特色社会主义思想研究中心浙江传媒学院研究基地的课题成果，得到了浙江省委宣传部和浙江传媒学院马克思主义学院的支持和资助。特此致谢！

王永昌

2025 年 4 月

责任编辑：李甜甜
封面设计：胡欣欣

图书在版编目（CIP）数据

共同富裕的浙江实践 / 王永昌等著. -- 北京 : 人民出版社，2025. 6. -- ISBN 978－7－01－027304－4

I. F127.55

中国国家版本馆 CIP 数据核字第 2025SM6431 号

共同富裕的浙江实践
GONGTONG FUYU DE ZHEJIANG SHIJIAN

王永昌 潘红霞 等 著

人民出版社 出版发行
（100706 北京市东城区隆福寺街 99 号）

北京九州迅驰传媒文化有限公司印刷 新华书店经销

2025 年 6 月第 1 版 2025 年 6 月北京第 1 次印刷
开本：710 毫米 ×1000 毫米 1/16 印张：12.75
字数：140 千字

ISBN 978－7－01－027304－4 定价：68.00 元

邮购地址 100706 北京市东城区隆福寺街 99 号
人民东方图书销售中心 电话（010）65250042 65289539